우리아이 쑥쑥크는 유아식

우리아이
쑥쑥크는
유아식

초판 1쇄 인쇄 2024년 3월 27일
초판 1쇄 발행 2024년 4월 3일

지은이 김다혜 · 오채은 · 이지영

발행인 장상진
발행처 (주)경향비피
등록번호 제2012-000228호
등록일자 2012년 7월 2일

주소 서울시 영등포구 양평동 2가 37-1번지 동아프라임밸리 507-508호
전화 1644-5613 | **팩스** 02) 304-5613

ISBN 978-89-6952-577-2 13590

· 값은 표지에 있습니다.
· 파본은 구입하신 서점에서 바꿔드립니다.

우리아이 쑥쑥 크는 유아식

초보맘, 워킹맘도
쉽게 만드는
3인 3색 레시피

김다혜·오채은·이지영 지음

경향BP

프롤로그 1

간단하게 만드는 건강하고 맛있는 이유식

고등학교를 조리과에 진학할 정도로 어릴 때부터 요리에 관심이 많았어요. 그런데 아이를 키우면서 시작하게 된 유아식은 저에게도 그저 막연하고 어렵게만 느껴졌어요. 어디서부터 어떻게 해야 할지 몰라 한동안 잊고 지내던 영양학 공부도 다시 시작하면서 우리 아이가 건강한 입맛을 가졌으면 하는 바람을 갖게 되었어요.

성인이 되어서도 되도록 덜 짜고, 덜 달게 먹는 식습관을 이어 갔으면 하는 마음에 무염, 저염이지만 맛있게 먹을 수 있는 유아식을 만들려고 노력했어요. 잘 먹다가도 수시로 찾아오는 먹태기에 좌절한 적도 있었어요. 하지만 재료 본연의 맛을 충분히 즐길 수 있도록 순수 원물을 많이 노출하면서 다양한 식재료를 다양한 조리법으로 맛의 변화를 주며 아이가 좋아하는 식감이나 입자감을 찾아갔어요. 그 노력이 빛을 발하는지 이제는 완밥이 기본인 아이로 자랐어요.

"바깥 음식을 이미 먹는데도 집에서 순하게 만든 걸 잘 먹어요?"라는 질문을 많이 받는데 단체급식도, 외식도, 집밥도 모두 다 잘 먹어요. 밖에서는 평소보다 자극적으로 먹게 되니 전체 밸런스를 맞추기 위해 집에서는 더더욱 저염저당식을 하는 게 좋다고 생각해요.

스스로 나태해지지 않으려고 2020년 11월부터 기록한 채이맘마 식단이 이제는 하나의 일상이 되어서 지금까지도 꾸준하게 식단 기록을 이어 가고 있어요. 이왕이면 예쁘고 정갈하게 담아내면서 저 스스로의 소박한 힐링 포인트가 되었어요. 채이도 먹기 전에 눈으로 한번 쭉 훑어보며 '엄마는 최고 요리사'라고 '엄지척!'해 주는, 모두에게 즐거운 식사시간이 되었어요.

아이들에게는 맛있고 즐거운 식사가 되고 엄마 아빠들에게는 간단하고 편리하게 만드는 건강한 식사가 되길 응원합니다.

평범한 엄마 중 한 명인 저인데 채이가 있어서 이렇게 책을 만드는 귀중한 경험을 한 것 같아요. 원고 작업에 집중할 수 있도록 곁에서 묵묵히 도와준 남편과 존재만으로도 소중한 채이에게 감사를 전합니다.

김다혜

프롤로그 2

세상의 모든 엄마, 아빠를 응원합니다

평소에 요리를 즐겨 했던 저도 엄마는 처음이기에 이유식, 유아식이 설레면서도 막막했어요. 이왕 하는 것 제대로 하겠다는 열정으로 쌀부터 불리고 갈아서 쌀미음을 만들던 초보엄마는 '아! 엄마가 편하고 쉽게 만들 수 있어야 꾸준히 잘 해 줄 수 있구나.'라는 걸 깨달았죠.

초기이유식을 시작하던 날 다겸이가 쌀미음을 너무 잘 먹어서 "우리 아기 정말 잘 먹네!" 의기양양했는데 중기이유식부터 밥태기가 찾아왔어요. 토핑이유식도 죽이유식도 어찌나 안 먹던지! '세상에 맛있는 음식이 얼마나 많은데 우리 아기는 왜 이리 안 먹는 거야? 우리 아기가 안 먹는 아기가 될 줄이야!' 맛도 보기 전에 울어 버리던 다겸이를 보면서 제 마음은 무너져 내렸고, 한편으로는 아기 성장에 영향이 있을까 걱정도 많이 했어요.

지푸라기라도 붙잡는 심정으로 죽에 귤이나 퓌레를 올려 주기도 했는데 이래서는 안 되겠다 싶어 아기가 스스로 먹는 재미를 가지게 해 줄 수 있는 간단한 아기 간식을 만들기 시작했어요. 연구하고 고민한 시간들을 인스타그램에 기록했는데 재미있기도 했고, 더 고민하는 시간을 가지게 된 계기가 되었어요.

점점 '다겨미레시피'를 이용하는 독자분들이 늘어나기 시작했는데 그것이 저의 성장 계기가 된 것 같아요. 칼질도 제대로 못하는 화학회사 연구원 엄마가 뜬금없이 이유식, 유아식 세계에 발을 내딛게 된 계기이자 '안 먹는 아기 잘 먹는 아기로 만들기 프로젝트'를 시작한 이유예요.

생각보다 저와 같은 처지(?)에 있는 엄마가 많으시더라고요. 저는 예쁘게 만드는 손재주는 없지만 쉽고 맛있게 만드는 재주는 있는 것 같아요. 워킹맘이다 보니 없는 시간 쪼개서 최대한 빠르게 만들었고 연구원이다 보니 탄단지 조합, 영양 설계도 꼼꼼히 체크하게 되더라고요.

아이의 밥태기를 거쳐 보니 정답은 없지만 해답은 분명 존재해요! 꾸준히 다양하게 시도해 주고, 아이가 좋아하는 것을 찾아주세요. 아이들은 같은 재료라도 모양, 입자감, 질감만 바꿔 주면 먹지 않던 것을 먹기도 한답니다! 심지어 누가 먹여 주냐에 따라 달라지기도 하는 게 바로 우리 아이들이에요.

힘든 육아 중에 다 같이 잘 먹여 보자고 시작한 인스타그램이 저를 유아식 저자의 길까지 오게 해 주었네요. 뭐든 재미있고 신나게, 힘내서 하다 보면 어느 분야에 서든지 전문가가 될 수 있는 것 같아요. 우리 모두 부모 전문가가 되길 바라는 마음으로 시작해 봅니다.

워킹맘인 제가 혼자서는 절대 못했을 책 출간을 도와주신 다른 두 분의 저자께도 감사의 말씀을 드려요. 그리고 마지막으로 많이 도와준 남편, 나의 전부 다겸아, 엄마가 사랑한다!

오채은

프롤로그 3

누구나 쉽고 맛있게 만들 수 있어요

정말 잘 먹는 큰딸만 키울 때는 모든 아이가 밥을 웬만큼은 잘 먹는 줄 알았습니다. 그런데 4년 터울로 정말 오지게도 안 먹는 둘째 딸을 키워 보니 밥 안 먹는 아이 키우는 건 부모 인내심의 한계를 시험하는 일이라는 걸 알았어요.

밥 잘 안 먹는 아이들에게는 '맛있게' 해 주는 게 그나마 상책이더라고요. 첫째는 두 돌 때까지도 간을 거의 하지 않고 건강한 재료들만 찾아 4살까지는 가공식품도 거의 먹이지 않았는데, 둘째는 어떻게든 밥을 먹이기 위해 유아식에 어느 정도 간도 하고, 햄도 섞어 가며 키웠어요.

유아식을 하는 대부분의 부모는 늦둥이, 다둥이엄마 제외하곤 살림경력 10년 미만이 많을 거라 생각해요. 특히 우리 세대는 엄마가 해 주는 밥 먹고 편하게 큰 편이어서 아이 키우며 살림, 요리에 허덕일 때가 많지요. 어렵고 복잡한 조리법, 요리연구가 수준의 레시피라면 아무리 좋은 책이라도 얼마 못 가 냄비 받침으로 전락하고 말 거예요.

그래서 이 책에서는 누구나 쉽고 맛있게 한 끼 영양 채울 수 있는 메뉴들로 구성했습니다. 직장을 다니는 엄마도, 다둥이 엄마도 너무 어렵지 않게 현실과 타협할 수 있는 메뉴들이에요. 아마 제가 먹순이 큰딸만 키웠다면 몰랐을 '오지게 안 먹는 아이'도 잘 먹을 만한 레시피들을 담았습니다.

큰아이 때 출간했던 이유식 책 이후로 한 번 더 출간이라는 영광을 누리게 되었네요. 책 쓰는 동안 아이들을 잘 돌봐준 남편과 가족들에게 고마운 마음을 전합니다. 그리고 원고를 준비하면서 엄마 음식 먹고 피드백해 준 두 딸, 특히 큰딸 혜민이의 디테일한 맛 평가가 도움이 많이 됐어요. 둘째 혜정이도 맛있는 건 온몸으로 표현해 주어서 고마웠어요(물론 입맛에 안 맞는 것도 온몸으로…).

제가 첫 책 출간할 때, 딸 친구들이 놀러 와서 "아줌마 음식 맛있어요."라고 하는 말을 듣고 싶다고 썼는데, 지난해에 큰딸이 초등학교에 입학하고 친구들을 데려올 때마다 밥 해 주고 그 말을 듣고 있어요. 앞으로도 우리 아이들이 살 넉고 쑥쑥 클 수 있는, 더 좋은 유아식을 연구하겠습니다.

아이 키우면서 밥까지 잘해 먹인다는 게 쉬운 일은 아니지만, 그렇다고 포기할 수는 없는 부분이지요. 아이들한테는 엄마밥이 제일 맛있는 거잖아요. 엄마들도 친정엄마 음식이 제일 입에 맞고 맛있듯이요. 요리가 많이 어렵게 느껴지더라도 쉬운 레시피들 위주로 만들어 보면서 포기하지 마시고, 어느 정도 현실과 타협해 만드는 쉬운 레시피들이 독자분들에게 도움이 되었으면 합니다.

이지영

차례

유아식을 시작하며

PART 1

우리 아이 건강 챙기는 유아식

두뇌를 발달시키고 뼈를 튼튼하게 해 주는 메뉴

비타민과 무기질이 듬뿍 들어 있는 메뉴

탄단지를 한 그릇에 담은 메뉴

PART 2 밥태기 아이 편식 없는 유아식

특식 & 완밥 메뉴

냉털 메뉴

PART 3

아이가 아플 때 도움이 되는 유아식

변비 탈출 & 소화가 안 될 때 좋은 메뉴

장염일 때 먹이기 좋은 메뉴

구내염 등 잘 먹지 못할 때 먹이기 좋은 메뉴

보양식 메뉴

PART 4

간단하게 만드는 맛있는 간식

쿠키 & 빵 & 케이크

떡 & 든든 간식

주스 & 스무디

유아식을 시작하며

유아식 Q&A

언제부터 시작하나요?

보통은 돌 전후로 유아식을 시작합니다. 시작 시기는 아이마다 다를 수 있어요. 만약 아이가 12개월 전에도 저작능력이 좋아서 고형물을 잘 씹는다면 11개월부터도 시작할 수 있습니다. 아이에 따라 아직 소화를 잘 못시키고 씹어서 삼키는 것에 미숙하다면 12개월이 지나고 나서 시작하면 된답니다. 정답은 없어요. 우리 아이에 맞게 차근차근 시작해 주세요.

얼마나 먹여야 할까요?

아이마다 차이는 있어요. 평균 배식량을 알아보아요.

적정배식량

구분	만 1~2세	만 3~5세
밥류	90g	130g
국류	100ml	140ml
반찬1	30g	45g
반찬2	30g	45g
김치류	15g	20g

간식배식량

구분	간식	만 1~2세	만 3~5세
예시 1	빵류	45g	60g
	우유	200ml(또는 100ml씩 2번)	200ml(또는 100ml씩 2번)
예시 2	주먹밥	30g	40g
	마실 것(차 또는 음료)	100ml	100ml

유아식 간은 얼마나 해야 할까?

영유아기는 식습관이 형성되는 골든타임이에요. 나트륨은 우리 몸에 꼭 필요한 요소이지만 적절한 섭취량을 알고 과다 섭취되지 않도록 주의하는 게 좋아요. 나트륨 과다 섭취 시 성장 발육에 중요한 칼슘과 아연 흡수가 잘되지 않고 소아비만의 위험도 높아져요.

영유아 1일 나트륨 충분 섭취량	
생후 0~5개월	110mg
생후 6~12개월	370mg
1~2세	810mg
3~5세	1000mg

출처 : 보건복지부

소금과 나트륨 함량 환산 방법

소금은 60%의 염소와 40%의 나트륨으로 이루어져 있어요(소금 1g = 나트륨 400mg).

- 소금 → 나트륨 : 소금 함량을 mg으로 바꾼 뒤 0.4를 곱해요.
- 나트륨 → 소금 : 나트륨 함량을 g으로 바꾼 뒤 2.5를 곱해요.

본연의 식재료에도 나트륨이 있기 때문에 감안하여 소금 섭취량을 조절해 주세요. 다만 수치에 너무 연연하지는 말고 스트레스 없이 맘 편한 유아식을 하세요.

무염과 저염

무염식 : 요리를 할 때 소금, 설탕, 간장 등의 간을 하지 않는 것을 말해요. 그러나 식재료에는 기본적으로 나트륨이 포함되어 있으므로 정확하게는 '무가염'이라는 표현이 더 맞아요. 아이가 먹는 원재료인 채소, 고기, 과일 등에는 기본 나트륨이 포함되어 있어요. 간을 하는 시기는 정해져 있지 않지만 보통 두 돌 전까지는 하지 않는 분들도 있어요. 하지만 나트륨도 어느 정도는 아이에게 필요하기 때문에 "아이가 밥을 정말 안 먹어요.", "어린이집에 가고 나서부터 집밥은 잘 안 먹어요." 한다면 최대한 무염으로 버티다가 간을 약간씩 하는 걸 추천해요.

저염식 : 저염식을 시작하면 아이의 밥, 국, 반찬에 간을 하기 시작해요. 보통 아이 음식을 만들 때 쓰는 조미료에는 간장, 알룰로스, 아가베시럽, 소금, 된장 등의 종류가 있어요. 간은 아이에 맞게 해 주면 되는데 이런 조미료 외에도 천연 단맛, 짠맛을 내는 원재료들을 사용해서 간을 해 주어도 괜찮아요. 예를 들어 아이가 먹는 과일 퓌레, 배도라지즙, 사과즙, 밥새우 등을 활용해서 간을 해 주어도 좋아요.

유아식 도구 & 계량법

조리 도구 준비하기

- 유아식에는 작은 사이즈의 국자, 스패튤러, 볶음주걱 등을 많이 사용해요.
- 조리 도구는 스테인리스 혹은 실리콘 소재를 사용하는 게 좋아요.
- 고열에 조리하기 때문에 멜라민이나 플라스틱은 권하지 않아요.
- 나무 재질도 괜찮지만 열탕 소독 등 위생적인 면에서는 실리콘이 가장 좋아요.
- 열탕 소독이 용이한 제품을 골라야 기름기까지 깨끗하게 세척할 수 있어요.
- 주기적으로 소독하고 말리며 위생적으로 관리해 주세요.
- 그 밖에 으깰 때 필요한 매셔, 강판, 절구 등이 있으면 좋아요.
- 어른들이 사용하는 조리도구와는 구분을 두는 게 좋아요. 아무리 세척을 하더라도 기름기나 매운 음식의 향 등이 남아 있을 수 있어요.

식판 고르는 법

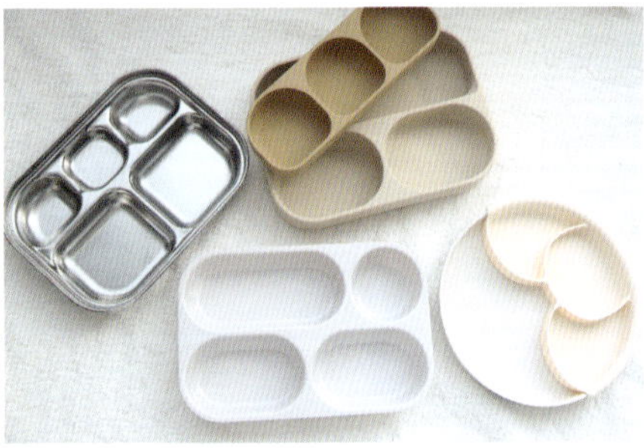

- 식판은 최소 3구, 4구, 5구짜리 1개씩 혹은 3구 1개, 5구짜리 2개 정도 있으면 편하게 돌려 가며 사용할 수 있어요.
- 식판 역시 열탕 소독까지는 아니더라도 식기세척기에 넣어 스팀 혹은 뜨거운 물을 부어 세척할 수 있는 소재면 좋아요.
- 구석구석 세척을 잘할 수 있는 굴곡진 소재로 선택하세요.
- 아이 음식은 조금 식혀서 주긴 하지만, 그래도 멜라민이나 플라스틱은 환경호르몬을 유발하니 지양해 주세요.

Q. 식판을 여러 개 구비해야 하는 이유가 있나요?

A. 1개로 매 끼니마다 돌려 쓸 수도 있지만 아이가 아파서 설거지 타이밍을 놓친다든지 등 여러 이유로 세척을 하지 못할 때가 있어 1개로만 사용하는 것은 좀 부족할 수 있어요. 최소 2개 이상 준비하여 여유 있게 사용하는 게 좋습니다.(저는 첫아이를 키울 때 간식용 포함 5~6개로 사용했어요.)

Q. 식판 칸은 어떤 것을 고르는 게 좋을까요?

A. 반찬을 여러 가지 담을 수 있는 5구 식판도 좋지만, 간편하게 혹은 한 그릇 요리로 줄 때 쓸 수 있는 1~3구 식판도 꼭 필요해요. 볶음밥에 김치, 후식 하나 정도 챙겨 주려면 3구 식판이 좋아요. 어떤 요리를 자주 해 주는지 우리 아이의 식사 메뉴를 생각해 보고 맞춰서 구매하면 좋아요. 워킹맘이라 늘 후다닥 볶음밥에 반찬 한두 가지 곁들인다면 텅 빈 5구 식판보다는 3구 식판이 좋고 나물, 고기, 후식까지 골고루 한 식판에 다 채워 준다면 5구 식판이 좋아요.

가장 기본적인 5구 식판도 반찬칸이 분리되어 그때그때 원하는 구성으로 바꿔 쓸 수 있는 제품도 있어요. 반찬칸만 떼서 간식볼로 주기에도 좋고, 메인요리를 많이 담아 줄 수 있는 4구 식판도 있어요. 어떤 요리를 자주 해서 주는지에 따라 고르면 좋아요.

모든 칸을 채워 주기에 부담스럽거나 국 하나, 반찬 하나로 먹일 때 혹은 볶음밥, 덮밥 등을 담아줄 때는 1~3구 식판이 필요해요. 그리고 아이들이 좋아하는 캐릭터 식판으로 선택하면 흥미를 유발할 수 있고, 다 먹었을 때 캐릭터가 보이니 식사를 유도하기에 좋아요.

국에 후루룩 밥을 말아 줄 때나 간식을 먹일 때는 볼이나 앞접시도 많이 쓰여요. 뚜껑 있는 것, 없는 것을 최소 1~2개 구비해 두면 편해요.

아직 월령이 어려 수시로 밥상을 엎는 아이라면 꼭 흡착이 되는 제품으로 알아보세요. 반찬 종류도 많은데 다 엎으면 난감하니까요. 그 월령에는 뒤집어엎는 게 본능이니 흡착할 수 있는 제품으로 본능을 다스려 주세요. 개월수가 지나면 저절로 하지 않으니 너무 걱정하지 마세요.

수저, 포크 고르는 법

- 숟가락은 먹기 편한 타원형이 좋아요. 아이 입에 맞는 사이즈로 골라 주세요.
- 어린 월령의 경우 이유식 스푼을 그대로 써도 좋아요.
- 포크는 끝이 너무 뾰족하지 않은, 둥글게 처리된 제품을 구매하세요.
- 젓가락은 처음 시작할 때는 작은 사이즈로 구매하면 편해요.
- 모두 열탕 소독이 되는 제품을 고르는 게 좋아요.
- 수저, 포크도 최소 2~3세트로 돌아가며 사용하면 편해요.
- 외출할 때도 챙겨 가야 하니 수저통도 하나쯤 같이 있으면 편해요.

계량법

- 1Tbs = 1큰술(밥숟가락) / 1ts = 1티스푼(차스푼)으로 보면 쉬워요.
- 저울로 계량하는 것이 가장 정확하지만 1ts, 1큰술 등은 계량수저를 사용해도 좋아요.
- 돌부터 세 돌 아이를 위한 유아식에는 가장 작은 1/4ts으로 간을 조절해도 충분해요.(실제 아기 음식을 할 때 가장 많이 쓰이는 사이즈예요.)
- 1/4ts 수저가 없을 경우, 티스푼(차스푼)에 1/4 정도 담아서 계량해 주면 돼요.
- 1큰술의 경우 밥숟가락으로 소복하게 담았을 때 1Tbs(1밥숟가락)과 동일해요. 너무 고봉이 아닌 살짝 소복한 정도로 참고해 주세요.

성장 발달을 돕는 식재료

두뇌/뼈에 좋은 재료

종류	예시	효능
유제품	우유, 요거트, 치즈	풍부한 칼슘 공급원으로 뼈와 두뇌 건강에 좋아요.
견과류, 씨앗류	호두, 땅콩, 흑임자, 깨, 아몬드	인지 기능과 관련된 영양소인 비타민E가 풍부해요.
지방이 풍부한 생선	연어, 고등어, 참치, 흰살생선	DHA, EPA 등 오메가3지방산이 풍부해서 뇌 발달과 기능에 좋아요.
콩	완두콩, 검정콩, 렌틸콩, 병아리콩, 낫또, 두부, 된장	콩에는 섬유질, 단백질, 복합탄수화물, 미네랄이 풍부하게 들어 있어요.
달걀	달걀, 메추리알	뇌 발달과 인지 기능에 중요한 역할을 하는 영양소인 콜린이 풍부한 재료예요. 발달에 필요한 필수아미노산이 들어 있어요.
해산물	멸치, 새우, 밥새우	칼슘이 풍부해서 뼈 건강에 좋아요. 성장기 어린이들에게 좋은 양질의 미네랄 성분이 들어 있어요.
베리류	블루베리, 크랜베리, 엘더베리	인지 기능을 향상시키는 플라보노이드 함량이 풍부해요. 항산화 성분이 풍부해서 뇌 기능을 떨어뜨리는 활성산소를 없애 주기도 해요. 기억력에 도움이 돼요.
녹색 채소	시금치, 케일, 브로콜리, 참나물, 미나리	두뇌 발달에 중요한 비타민과 미네랄이 풍부해요. 마그네슘과 엽산이 풍부해서 스트레스를 완화해 주기도 해요.
해조류	미역, 톳, 다시마	요오드가 풍부해서 뇌 기능을 활성화시켜요. 칼슘 함량도 높아서 집중력을 향상시키는 데 도움을 주어요.

비타민, 무기질이 많은 채소와 과일

구분	예시	효능
비타민A	양배추, 당근, 시금치, 고구마, 청경채	시력 향상, 면역력 강화, 노화 방지에 좋아요.
비타민B군	땅콩, 감자, 유색 채소, 아욱, 양파, 버섯	육체 피로, 구내염, 피부 건강, 아미노산 대사에 도움을 주어요.
비타민C	귤, 파인애플, 토마토, 키위, 오렌지, 파프리카	면역력 강화, 콜라겐 합성, 철분 흡수를 도와주어요.
비타민D	버섯, 파프리카	건강한 뼈와 치아를 유지시켜 주고 면역력을 강화시켜요.
비타민E	배추, 상추, 아몬드	유해산소로부터 세포를 보호해 주고 피부 건강에 좋아요.
비타민K	양배추, 시금치, 브로콜리	혈액응고, 뼈와 치아 등 골대사에 중요한 역할을 해요.

재료 손질 방법

소고기

주로 안심이나 등심을 사용해요. 요리하기 전에 물에 담그거나 키친타월로 핏물을 제거해서 사용해 주세요. 아이가 먹을 수 있는 입자감으로 칼다짐해 주거나 차퍼에 다져 주면 돼요.

보관 : 냉장은 2~3일 내외, 그 이상은 냉동 보관을 추천해요. 냉동 시 6개월 이내로 소진해 주세요.

돼지고기

유아식에는 주로 지방이 적은 등심 부위나 앞다릿살 등을 사용해요. 아이가 먹을 수 있는 입자감으로 칼다짐해 주거나 차퍼로 다져 주면 돼요. 아이가 어릴수록 돼지고기의 기름기 부분은 제거하고 주는 게 좋아요.

보관 : 냉장은 2~3일 내외, 그 이상은 냉동 보관을 추천해요. 냉동 시 6개월 이내로 소진해 주세요.

닭고기

아이 음식에 주로 사용하는 부위는 닭안심살, 닭다릿살, 닭가슴살이에요. 닭고기는 특히 잡내가 잘 나기 때문에 손질하기 전에 깨끗한 물로 씻어 낸 후 우유나 분유에 30분 이상 담가 잡내를 없애 주세요. 담가 놓은 닭고기는 깨끗한 물로 씻어 준 다음 근막이나 힘줄을 제거해 주세요.

닭안심살 부위는 가운데 질긴 부위를 꼭 제거해 주어야 식감이 좋아요. 칼로 쓱 밀어내면 쉽게 제거할 수 있어요. 닭가슴살보다는 닭안심살이 부드럽고 맛이 좋아요. 닭다리나 닭봉은 닭껍질과 날카로운 뼈 부분을 제거해 주세요.

보관 : 닭고기는 소고기나 돼지고기에 비해 빨리 상하므로 구입 당일 먹는 걸 추천해요. 그 이상 두려면 냉동 보관해 주세요.

생선

생선의 머리와 내장을 꼼꼼하게 제거한 후 생선 가시를 모두 발라내 주세요. 생선큐브, 가시가 제거된 생선을 구입해도 돼요.

새우

새우는 흐르는 물에 헹궈 주고 머리와 껍데기는 제거해 주세요. 이쑤시개나 칼을 사용해서 새우등에 들어 있는 까만색 내장을 제거해 주세요. 손질이 어렵고 바쁘다면 손질된 새우, 새우큐브를 활용하세요.

채소, 과일

채소나 과일은 흐르는 물에 충분히 씻어 주세요. 아이가 먹을 수 있는 입자감으로 칼다짐해 주거나 차퍼에 다져 주면 좋아요. 미리 다져서 냉동실에 큐브로 얼려 두면 요리할 때 편하게 사용할 수 있어요. 큐브로 보관할 때는 익혀서 다져도 좋고 생으로 다져서 보관해도 괜찮아요. 입자감이 있는 걸 잘 먹는 아기는 채썰기, 나박썰기, 깍둑썰기, 반달썰기 등 아이가 먹을 수 있는 크기로 모양을 내 주세요.

육수 만들기

닭고기육수

재료 : 물 1500ml, 닭가슴살(또는 닭안심살) 200g, 당근 1/3개, 양파 1/2개, 대파 1/3뿌리, 감자 1/2개, 표고버섯 1개

1 닭고기는 기름기와 지방을 제거하고 우유에 20분 정도 담가서 잡내를 없애 준다.

2 당근, 양파, 대파, 표고버섯도 적당한 크기로 잘라 준다.

3 분량의 재료를 모두 넣고 센불에서 끓어오르면 10분간 팔팔 끓여 준다.

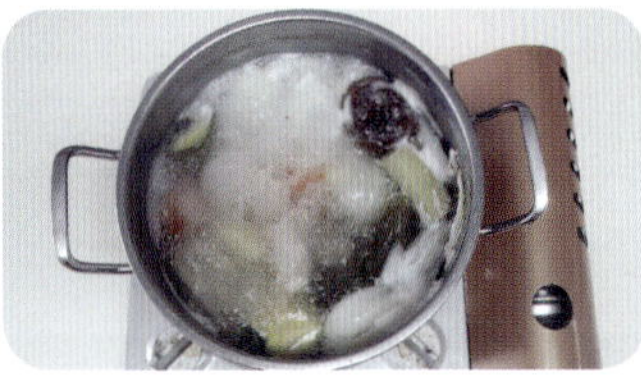

4 중간센불로 낮춰서 20분간 더 끓여 준다.

5 건더기를 건져 낸 후 용기에 담고 라벨링해 보관해 준다(하절기 2~3일, 동절기 5일, 냉동 보관의 경우 2~3개월 내 소진).

멸치다시마육수

재료 : 물 1500ml, 육수용 멸치 20~30마리, 양파 작은 것 1개, 다시마 1조각

1 멸치는 내장을 제거하고, 다시마와 양파도 분량대로 준비해 준다.

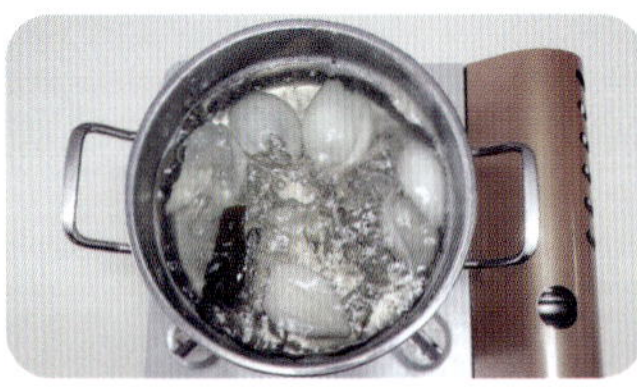

2 분량의 재료를 모두 넣고 센불에서 끓어오르면 5분간 팔팔 끓여 준다.

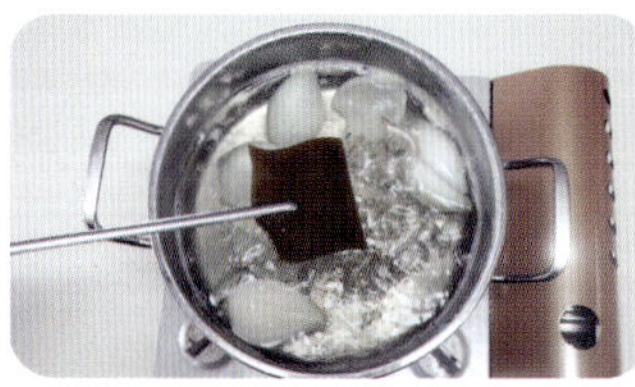

3 다시마를 건져 내고, 중간불로 낮춰서 15분간 더 끓여 준다.

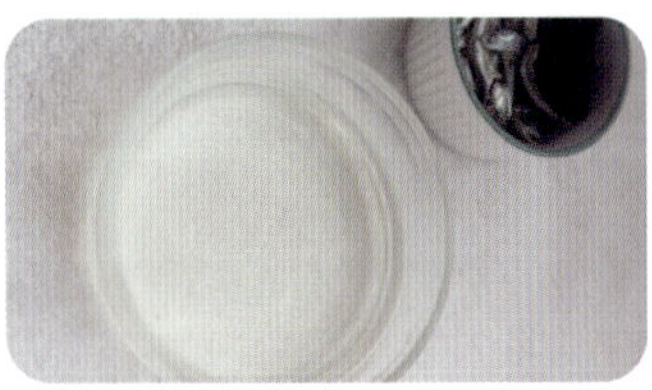

4 건더기를 건져 낸 후 용기에 담아 라벨링해 냉장 보관해 준다(하절기 2~3일, 동절기 5일, 냉동 보관의 경우 2~3개월 내 소진).

TIP

- 멸치 양은 진하게 먹고 싶으면 30마리, 은은한 염도를 원한다면 20마리를 사용해 주세요.
- 오래된 멸치나 맛이 없는 멸치를 사용하면 육수가 맛 없게 되니 품질 좋은 멸치를 사용하세요.

소고기육수

재료 : 물 2000ml, 소고기 사태 250g, 무 1/4토막, 큰 양파 1개, 대파 1뿌리, 표고버섯 2개

1. 소고기는 찬물에 20분 정도 담가 핏물을 빼서 준비해 준다.

2. 무, 양파, 대파, 표고버섯도 준비해 준다.

3. 분량의 물과 재료를 넉넉한 크기의 냄비에 담아 준다.

4. 센불에서 끓어오르면 20분간 팔팔 끓여 준다.

5. 중간불로 낮춰서 15분간 더 끓여 준다. 중간중간 떠오르는 갈색 거품은 걷어 내며 끓여 준다.

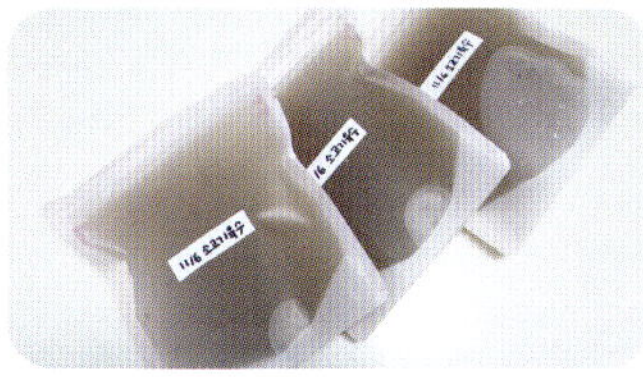

6. 건더기를 건져 낸 후 용기에 담아 라벨링해 냉장 보관해 준다(하절기 2~3일, 동절기 5일, 냉동 보관의 경우 2~3개월 내 소진).

채수

재료 : 물 2000ml, 양파 1개, 애호박 1개, 당근 1개, 대파 1뿌리, 무 1토막, 표고버섯 5개, 케일 3장, 감자 1개

1. 분량의 채소를 모두 깨끗이 씻어 준비해 준다. 단단한 채소들은 충분히 우러날 수 있도록 반씩 잘라 준다.

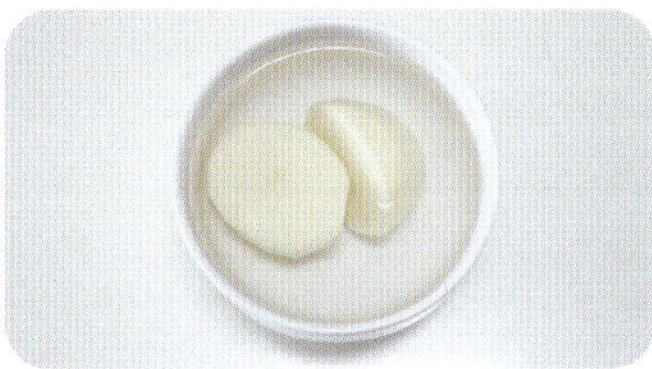

2. 감자는 깔끔한 국물을 위해 찬물에 10분 정도 담가 전분기를 빼 준다.

3. 분량의 재료를 모두 넣고 센불에서 끓어오르면 5분간 팔팔 끓여 준다.

4. 중간불로 낮춰서 30분간 더 끓여 준다.

5. 건더기를 건져 낸 후 용기에 담아 라벨링해 냉장 보관해 준다(하절기 2~3일, 동절기 5일, 냉동 보관의 경우 2~3개월 내 소진).

만능고기양념 & 맛간장 & 두부네즈 만들기

만능고기양념

재료 : 배 300g, 양파 150g, 파 60g, 마늘 15g, 참기름 1Tbs, 후춧가루 1/4ts

1. 배, 양파, 파, 마늘은 잘게 썰어 블렌더로 곱게 갈아 준다.
2. 참기름과 후추를 넣고 섞어 준다.

TIP
- 기호에 따라 후춧가루는 생략해도 좋아요.
- 소분 후 냉동 보관하여 필요할 때 꺼내 쓰면 좋아요.

맛간장

재료 : 종이컵 600ml, 물 2000ml, 맛술 200ml, 무 1토막, 양파 1개, 파 1뿌리, 표고버섯 2개, 통마늘 5알, 다시마 1조각, 황태머리 1개 혹은 황태채 6~8조각, 사과 1/2개, 설탕 1/3컵, 배 1/2개

1. 들어갈 재료들을 깨끗이 손질해 준비해 준다.

2. 사과, 배는 씨를 제거하고 준비해 준다.

3. 분량의 재료를 모두 넣고 센불에서 끓어오르면 5분간 팔팔 끓여 준다.

4. 중간불로 낮춰서 30분간 푹 끓여 준다.

5. 건더기를 모두 건져 내 준다.

6. 열탕 소독한 용기에 담은 후(식기세척기 스팀도 OK) 라벨링해 보관해 준다.

두부네즈

재료 : 두부 1/4모, 레몬즙 약간, 아기치즈 1장, 우유(또는 분유) 30ml

1. 두부는 끓는 물에 데쳐 준다.

2. 차퍼에 두부, 아기치즈, 우유, 레몬즙을 계량해 준다.

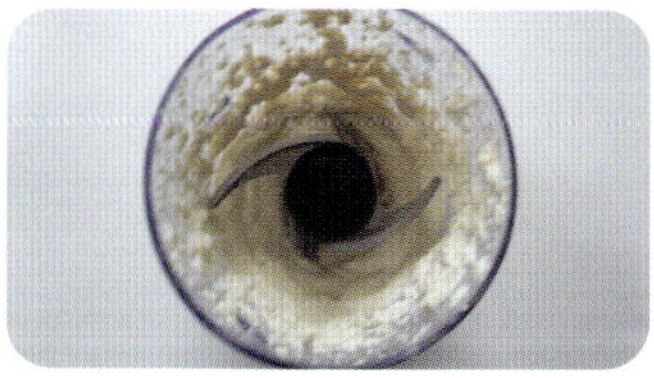

3. 모든 재료를 고르게 갈아 준다.

4. 밀폐용기 또는 소스통에 담아 보관해 준다(보관 기간 2~3일).

아기 김치 & 오이피클 담그기

배추김치

재료 : 알배추 150g, 사과 50g, 무 30g, 마늘 5g, 파프리카가루 5g, 물 50ml, 찹쌀가루 5g, 소금 1ts

1. 알배추는 먹기 좋은 크기로 썬 후 소금을 뿌려 30분간 절여 준다.
2. 크기가 넉넉한 용기에 찹쌀가루와 물을 섞어 준다.
3. 2를 전자레인지에 1분간 돌린 후 꺼내 가볍게 섞고 추가로 30초 돌려 준다.
4. 블렌더에 식힌 찹쌀풀, 사과, 무, 마늘, 파프리카가루를 넣고 곱게 갈아 준다.
5. 절인 배추는 체에 밭쳐 물기를 가볍게 제거해 준다.
6. 배추에 양념을 넣고 골고루 섞어 준다.

TIP

- 1번 과정에서 중간에 1~2회 정도 뒤적여 주세요.
- 찹쌀풀 만드는 용기는 넉넉한 크기를 사용해 주세요(500ml 이상).
- 3번 과정에서 전자레인지 사양에 따라 끓어 넘칠 수도 있으니 지켜봐야 해요.
- 밀폐용기에 꾹꾹 눌러 담아 실온에서 약 1일간 숙성 후 냉장 보관해 주세요.
- 1개월 이내에 소진하는 것이 좋아요.

물김치

재료 : 알배추 150g, 파프리카 50g, 마늘 5g, 물 200ml, 찹쌀가루 10g, 사과즙 250ml, 소금 1ts

1. 냄비에 물과 찹쌀가루를 섞은 후 중강불로 끓여 준다.
2. 끓기 시작하면 약불에서 3분간 저어 가며 찹쌀풀을 끓여 준다.
3. 블렌더에 식힌 찹쌀풀, 파프리카, 마늘을 넣고 곱게 갈아 준다.
4. 알배추는 먹기 좋은 크기로 썰어 준다.
5. 사과즙에 소금을 넣고 녹여 준다.
6. 모든 재료를 섞어 준다.

TIP

- 파프리카는 빨간색을 사용하는 게 색감이 예뻐요.
- 파프리카 생략 시 마지막 단계에서 물을 50ml 정도 추가해 주세요.
- 밀폐용기에 담아 실온에서 약 1일간 숙성 후 냉장 보관해 주세요.
- 1개월 이내에 소진하는 것이 좋아요.

깍두기

재료 : 무 400g, 마늘 10g, 파프리카가루 5g, 사과즙 150ml, 찹쌀가루 10g, 소금 1ts, 새우젓 1/2ts

1. 무는 약 1cm 크기로 깍둑썰기한 후 소금을 뿌려 1시간 동안 절여 준다.
2. 냄비에 사과즙과 찹쌀가루를 섞은 후 중강불로 끓여 준다.
3. 끓기 시작하면 약불에서 3분간 저어 가며 찹쌀풀을 끓여 준다.
4. 블렌더에 식힌 찹쌀풀, 마늘, 새우젓, 파프리카가루를 넣고 곱게 갈아 준다.
5. 절인 무는 체에 밭쳐 물기를 가볍게 제거해 준다.
6. 무에 양념을 넣고 골고루 버무려 준다.

TIP

- 무는 덜 맵고 단맛이 나는 초록색 부분을 사용하는 게 좋아요.
- 1번 과정에서 중간에 1~2회 정도 뒤적여 주세요.
- 밀폐용기에 꾹꾹 눌러 담아 실온에서 약 1일간 숙성 후 냉장 보관해 주세요.
- 1개월 이내에 소진하는 것이 좋아요.

오이피클

재료

버전 1 오이 100g, 사과즙 150ml, 레몬즙 1Tbs, 월계수잎 1장, 통후추 2~3알

버전 2 오이 200g, 사과즙 250ml, 레몬즙 1Tbs, 소금 2~3꼬집, 피클링스파이스 1/4~1/2ts

버전 3 오이 2개, 물 700, 과일 퓌레 2개(200ml), 2배식초 50ml(일반식초는 70~80ml), 오미자(생략 가능)

1. 오이는 약 0.3cm 두께로 썰어 준다.
2. 냄비에 오이를 제외한 모든 재료를 넣고 끓여 준다.
3. 열탕 소독한 용기에 오이를 담아 준다.
4. 절임물이 팔팔 끓으면 과정 3에 넣어 준다.

TIP

- 한 김 식힌 후 냉장 보관해 주세요.
- 버전 1은 1주 이내, 버전 2와 버전 3은 3주 이내에 소진하는 것이 좋아요.
- 일반적인 피클 절임물 비율은 물:식초:설탕=2:1:1이에요.
- 더 달게 하고 싶다면 알룰로스 또는 설탕을 추가하거나 물 300ml를 빼고 배도라지즙 3봉을 사용해 주세요.
- 식초 사용 시 일반식초인지, 2배식초인지에 따라 산도가 다르니 우리집 식초 맛에 따라서 양을 가감해 주세요. 레몬즙으로 대체해도 돼요.
- 무, 적채 등을 추가로 넣을 수도 있어요.
- 땀이 많은 아이의 경우 오미자를 넣으면 좋아요.

유아식단 구성 방법

아이 식단을 짤 때는 '다양한 영양소가 들어 있는지'가 중요해요. 흔히 알고 있는 탄단지(탄수화물, 단백질, 지방)에 무기질(미네랄)과 비타민까지 골고루 섭취할 수 있도록 신경 써 주세요. '밥이 보약'이라는 말이 있듯이 영양소가 잘 갖춰진 식단을 꾸준히 먹으면 우리 아이의 몸이 탄탄하고 건강하게 자랄 수 있어요. 특별하지 않아도 아이가 잘 먹는 건강하고 맛있는 식사를 준비해야 하는 이유예요.

식단 예시

식단 1

백미밥
짬뽕(p.110)
탕수육(p.109)
탕수소스(p.109)

식단 2

잡곡밥
두부새우젓국(p.178)
소고기찹쌀구이(p.143)
오이김무침(p.59)

식단 3

해물볶음밥(p.91)
닭날개구이(p.224)
사과오이샐러드(p.60)

식단 4

귀리밥
연두부달걀찜(p.179)
쫀득채소전(p.71)
고구마새우볼(p.166)
김

식단 5

잡곡밥
사골곰국(p.196)
가지달걀말이(p.69)
깍두기(p.26)
카레치킨강정(p.149)

식단 6

백미밥
연두부표고된장국(p.161)
뽀빠이달걀부침(p.37)
마늘호두조림(p.46)

식단 7

아보카도들기름비빔밥(p.49)
카레연근구이(p.72)
밤떡갈비(p.39)

식단 8

완두콩밥
감자애호박국(p.150)
수제햄(p.115)
배추김치(p.25)
오이

식단 9

현미밥
근대된장국(p.162)
소고기장조림(p.116)
브로콜리새우볶음(p.65)
깍두기(p.26)

식단 10

매생이닭죽(p.194)
물김치(p.26)

식단 11

게살리소토(p.93)
오이피클(p.27)

식단 12

옥수수밥
배추닭국(p.195)
두부조림(p.147)
도토리묵무침(p.57)

식단 13

백미밥
매생이달걀국(p.163)
갈릭버터새우메추리알꼬치(p.124)

식단 14

양배추달걀김밥(p.76)
요거트샐러드(p.58)

PART 1

우리 아이 건강 챙기는 유아식

두뇌를 발달시키고 뼈를 튼튼하게 해 주는 메뉴

매생이달걀말이

INGREDIENTS · 2회분

건조매생이 1/2블럭
달걀 2개

1 매생이는 물에 불린 후 체에 밭쳐 물기를 최대한 제거해 준다.

2 달걀은 1개씩 각각 풀어 준다.

3 한쪽 달걀물에 불린 매생이를 넣고 섞어 준다.

4 팬에 매생이를 푼 달걀물을 부어 고르게 편 후 아랫면이 익으면 말아 준다.

5 나머지 달걀물을 부어 말아 준다.

TIP
- 달걀말이는 약불에서 천천히 조리하면 모양이 예쁘게 잘 나와요.
- 아랫면은 익고 윗면은 촉촉한 상태에서 말아 주면 좋아요.
- 소금을 살짝 추가해도 좋아요.

뽀빠이달걀부침

INGREDIENTS • 1~2회분

달걀 2개
시금치 소량
채 썬 당근 10조각
식용유 1큰술

1. 시금치를 손질해 한입 크기로 잘라 준다.

2. 당근도 얇게 채 썰어 반으로 잘라 작게 준비해 준다.

3. 달걀을 풀고, 시금치와 당근을 넣어 섞어 준다.

4. 기름을 소량 두른 팬에 한입 크기로 올려 중간불에 익혀 준다.

5. 금방 탈 수 있으므로 자주 뒤집어 가며 구워 준다.

TIP
•궁합이 좋은 깨를 뿌려 주면 더 좋아요.
•연령에 따라 소량의 소금간을 해도 좋으며, 간을 하지 않고 케첩 등에 찍어 먹어도 돼요.

고구마채소전

INGREDIENTS • 2~3회분(어른 손바닥만 한 크기 2개)

채 썬 고구마 100g
채 썬 애호박 15g
채 썬 양파 15g
전분가루 1큰술 듬뿍
물 2큰술
식용유 넉넉히

1 고구마는 세척 후 껍질을 벗겨 최대한 얇게 채 썰어 준다.

2 양파, 애호박도 채 썬 고구마 크기와 비슷하게 얇게 채 썰어 준다.

3 볼에 채소를 모두 넣고 전분가루와 물을 넣어 가볍게 섞어 준다.

4 팬에 기름을 넉넉히 2큰술 정도 두르고, 채소반죽을 너무 두껍지 않게 올려 준다.

5 중간약불로 익히다가 뒷면이 익어서 흐트러지지 않을 정도가 되면 뒤집어 꾹꾹 눌러 가며 익혀 준다. 중간중간 기름을 더 두르면서 구워 준다.

TIP
- 고구마 종류는 어떤 것이든 상관없어요.
- 쫄깃한 느낌을 좋아한다면 고구마 전분을 굳이 빼지 않아도 돼요.
- 반죽물이 거의 없기 때문에 기름을 조금 넉넉히 둘러야 바삭바삭 맛있어요.

밤떡갈비

INGREDIENTS • 3회분

돼지고기 다짐육 100g
맛밤 50g
만능고기양념(p.24) 30g

1 밤은 으깨 준다.

2 볼에 모든 재료를 넣고 치대듯 섞어 준다.

3 반죽에 찰기가 생기면 둥글납작하게 빚어 준다.

4 약불로 달군 팬에 반죽을 올려 앞뒤로 노릇하게 구워 준다.

TIP
• 맛밤 대신 삶은 밤으로 대체해도 좋아요.
• 200℃로 예열된 오븐에서 15분, 뒤집어서 5분간 구워도 좋아요.

소고기연근전

INGREDIENTS · 3회분

연근 100g
소고기 다짐육 50g
쌀가루 20g
다진 마늘 1ts

1. 연근은 강판에 갈아 준다.

2. 볼에 모든 재료를 넣고 치대듯 섞어 준다.

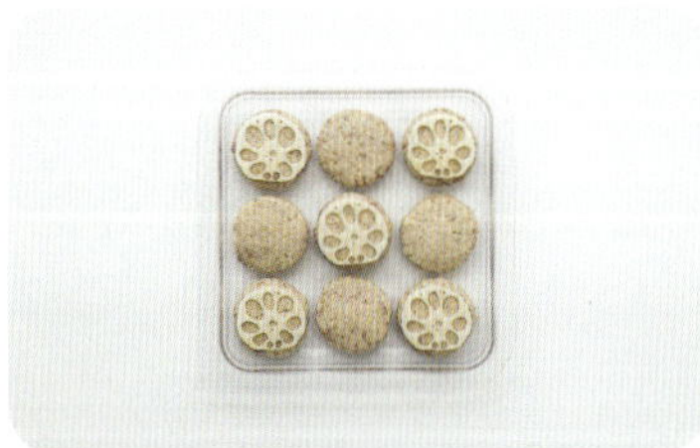

3. 반죽을 둥글납작하게 빚어 준다.

4. 중약불로 달군 팬에 반죽을 올려 앞뒤로 노릇하게 구워 준다.

TIP
- 껍질 벗긴 연근은 식촛물에 10분간 담가 깨끗이 헹군 후 사용해 주세요.
- 소고기는 돼지고기로 대체해도 좋아요.
- 쌀가루는 밀가루, 부침가루로 대체해도 좋아요.
- 연근을 얇게 썰어 위에 올려 주면 모양이 예뻐요.

파래두부전

INGREDIENTS • 2회분

두부 80g
달걀 1개
파래가루 1Tbs

1. 두부를 끓는 물에 1~2분간 데친 후 키친타월로 물기를 제거해 준다.

2. 두부는 으깨 준다.

3. 모든 재료를 섞어 준다.

4. 중약불로 달군 팬에 앞뒤로 노릇하게 구워 준다.

TIP
• 파래가루 대신 김가루, 건조매생이 등을 활용해도 좋아요.
• 소금을 살짝 추가해도 좋아요.

두부카츠

INGREDIENTS · 4회분

소고기 55g
돼지고기 55g
두부 100g
양파 30g
빵가루 3~4큰술

1. 소고기, 돼지고기, 두부, 양파를 다져 주세요.

2. 다진 반죽을 동그랗게 모양 잡은 뒤 빵가루를 코팅해 준다.

3. 팬이나 에어프라이어에 오일을 두르고 노릇노릇하게 구워 준다.

4. 완성

TIP •손다짐을 하기 힘들면 차퍼를 사용해서 다지세요.

두부탕수육

INGREDIENTS · 2회분

두부 1/2모
전분가루 2큰술
과일 퓌레 100ml

1. 두부는 물기를 제거하고 깍둑썬 다음 전분가루를 코팅해 준다(비닐봉지에 넣고 흔든다.).

2. 오일 두른 팬에 굽거나 에어프라이어에서 150℃ 12분 구워 준다.

3. 팬에 오일 살짝 둘러 구운 두부를 넣고 과일 퓌레를 1바퀴 둘러 코팅하듯 익혀 준다.

4. 완성

두부선

INGREDIENTS · 2회분

두부 100g
닭안심살살 50g
파 20g
아기간장 1/2ts
참기름 1/4ts
달걀 1개

1 두부는 물기를 꽉 짠 후 으깨 준다.

2 닭안심살과 파는 곱게 다져 준다.

3 달걀은 황백지단으로 부친 후 가늘게 채 썰어 준다.

4 볼에 달걀을 제외한 모든 재료를 넣고 치대듯 섞어 준다.

5 반죽을 약 2cm 높이로 모양을 반듯하게 잡아 준다.

6 찜기에 물이 끓어오르면 반죽 위에 지단을 올리고 중불에서 15분간 쪄 준다.

TIP
- 두부선은 담백한 맛이 일품인 궁중요리예요.
- 닭안심살 대신 닭가슴살로 대체해도 좋아요.

돼지목살배추미역찜

INGREDIENTS · 1~2회분

돼지목살 50g
알배추 작은 잎 4장
숙주 50g
미역(불리기 전) 1g

소스

맛간장 1ts
식초 1/2ts
참기름 1/4ts
설탕 1/4ts
통깨 1/2ts

1 미역은 소량 불려 준비해 준다.

2 알배추는 중간쯤 잎으로, 숙주는 깨끗이 씻어 준비해 준다.

3 목살은 얇게 혹은 구이용 목살을 길쭉하게 잘라서 알배추, 미역 위에 차례차례 올려 준다.

4 알배추, 미역, 목살, 알배추 순으로 올린 다음 1/3등분해 준다.

5 찜기에 올리고 물이 끓었을 때부터 센불에 9~10분 정도 쪄 준다.

6 소스 재료를 모두 섞어 소스를 만들어 준다.

마늘호두조림

INGREDIENTS · 2~3회분

마늘 20g
호두 20g
아기간장 1/2ts
조청 1ts
물 1ts

1 마늘은 2~3등분하고 호두는 마늘과 비슷한 크기로 썰어 준다.

2 마른 팬에 호두를 가볍게 볶아 준다.

3 기름을 두른 팬에 마늘을 넣고 약불에서 충분히 볶아 준다.

4 마늘이 노릇하게 잘 익으면 모든 재료를 넣고 골고루 섞은 후 조려 준다.

TIP
- 호두는 끓는 물에 5분간 데쳐 떫은맛과 불순물을 제거한 후 사용하면 좋아요.
- 마늘의 매운맛이 남지 않도록 3번 과정에서 푹 익혀 주세요.

고등어무조림

INGREDIENTS • 2~4회분

고등어 100g
무 80g
양파 30g
대파 10g
쌀뜨물 200ml
물 150ml

양념장

맛간장 2큰술
된장 1/2큰술
미림 1큰술
설탕 1/3ts(선택)
다진 마늘 1/2ts

1. 고등어는 깨끗이 씻어 쌀뜨물에 20분 정도 담가 비린내를 제거해 준다.

2. 양념장을 만들고, 무, 양파, 대파도 잘라서 준비해 준다.

3. 냄비에 무를 먼저 깔고, 양념장의 2/3과 물 100ml를 넣고 무 먼저 끓여서 3분간 약불에 푹 익혀 준다.

4. 그 위에 고등어, 양파, 파, 남은 양념장 순서로 올려 준다.

5. 쌀뜨물 200ml를 붓고 센불로 끓여 준다.

6. 팔팔 끓어오르면 3분 정도 더 끓이다가 뚜껑을 덮고 약불로 낮춰서 10분간 푹 끓여 준다. 간을 보고 마무리한다.

호두잔멸치볶음

INGREDIENTS · 5~6회분

지리멸치 종이컵 1컵
호두 종이컵 1/3컵
미림 1큰술

양념장
설탕 2ts
물엿 2ts
미림 1ts
맛간장 1ts
통깨 1/2큰술

1. 호두는 미지근한 물에 10분 정도 담근 다음 잘게 잘라 준다.

2. 멸치는 팬에 미림을 넣어 볶아 비린내를 날리고 부드럽게 만들어 준다.

3. 볶은 뒤 체에 밭쳐 부스러기를 털고, 다른 그릇에 덜어 한 김 식혀 준다.

4. 분량의 양념을 넣고 끓어오르면 호두와 멸치를 넣고 빠르게 볶아 준다.

5. 모자란 간을 보고 통깨를 뿌려 마무리한다.

TIP
- 아몬드, 해바라기씨 등 다른 견과류를 넣어도 좋아요.
- 꽈리고추를 소량 넣어도 향이 좋아요.

아보카도들기름비빔밥

INGREDIENTS • 1회분

아보카도 1/4조각
달걀 1개
밥 2큰술 듬뿍
들기름 1ts
맛간장 1ts

1 달걀을 부드럽게 스크램블해서 준비해 준다.

2 잘 익은 아보카도를 반으로 갈라 준다.

3 아보카드 씨를 빼고 껍질을 벗긴 다음 얇게 슬라이스해 준다.

4 밥 위에 달걀, 아보카도, 들기름, 맛간장을 넣고 잘 비벼 준다.

TIP •맛간장이 없는 경우 아기간장 + 멸치육수 + 올리고당을 소량 넣어도 좋아요.

연어살볶음밥

INGREDIENTS • 1~1.5회분

다진 채소 15g
연어살 50g
밥 80g
굴소스 1/2ts
올리고당 1/3ts
다진 마늘 1/3ts
버터 1조각(5g 정도)
올리브유 1큰술
달걀 1개

1 자투리 채소를 잘게 다져 준비해 준다.

2 연어는 작은 크기로 잘라서 올리브유에 앞뒤로 구워 준다.

3 굴소스, 올리고당, 다진 마늘을 섞어 소스를 만들고, 달걀은 풀어서 준비해 준다.

4 약하게 달궈진 팬에 버터를 녹이고 채소를 먼저 볶다가 구워 둔 연어살을 부셔 가며 섞어 준다.

5 밥을 넣어 한 번 섞은 뒤 한쪽으로 몰아 놓고 남은 공간에 달걀을 넣어 익혀 준다.

6 분량의 소스를 넣고 달걀, 밥, 채소, 연어를 모두 잘 섞어 볶아 준다.

TIP •아이의 식성에 따라 연어를 좀 더 구워 스테이크로 곁들여도 좋아요.

홍합미역국

INGREDIENTS • 3~4회분

홍합살 80g
미역(불리기 전) 5g
멸치육수 600ml
꽃게액젓 1큰술
참기름 2/3큰술
다진 마늘 1ts
천일염(또는 액젓) 약간

1 미역은 물에 20분 정도 불려 깨끗하게 씻어 준다.

2 홍합살은 아이가 먹을 수 있는 크기로 잘게 다져 준다.

3 살짝 달궈진 냄비에 참기름 1큰술을 넣고, 미역과 액젓을 넣어 달달 볶아 준다.

4 2분 정도 볶다가 육수를 넣어 한소끔 끓여 준다.

5 끓어오르면 홍합살과 다진 마늘을 넣고 중간센불로 7분 정도 더 끓인다. 간은 아이 연령에 따라 천일염, 액젓으로 좀 더 추가해 준다.

TIP
- 오랫동안 끓이면 더 맛있게 먹을 수 있어요.
- 꽃게액젓 외 다른 액젓을 사용해도 돼요.

땅콩볼

INGREDIENTS • 1회분

땅콩버터 15g
바나나 70g
초기쌀가루 45g

1. 땅콩버터, 바나나, 초기쌀가루를 날가루 없이 고르게 섞어 준다.

2. 반죽을 짤주머니 또는 지퍼백에 넣어 준다.

3. 반죽을 작고 동그랗게 짜 준다.

4. 에어프라이어에서 160℃ 15분 구워 준다.

TIP
• 더 부드럽게 하려면 150℃ 20분, 더 쫀득하게 하려면 170℃ 10분 구워 주세요.
• 에어프라이어는 기종에 따라 온도와 조리 시간을 조절해 주세요.

고구마땅콩빵

INGREDIENTS • 2회분

고구마 100g
달걀 1개
우유 20g
아몬드가루 30g
땅콩버터 10g

1 꿀고구마, 달걀, 우유, 아몬드가루, 땅콩버터를 준비해 준다.

2 위의 재료를 으깨며 고르게 섞어 주고 전자레인지 2분 돌려 준다.

3 완성

TIP •고구마가 달지 않을 경우 아가베시럽, 알룰로스, 조청 등을 기호에 맞게 추가해 주세요.

두부땅콩칩

INGREDIENTS • 2회분

물기 짠 두부 80g
밀가루 45g
달걀노른자 1개
검은깨 1큰술(4g)
땅콩버터 20g
(단맛을 추가하려면 아가베시럽 또는 알룰로스 추가)

1. 두부, 밀가루, 노른자, 검은깨, 땅콩버터를 준비해 준다.

2. 1의 재료를 고르게 섞어 날가루 없이 반죽해 준다.

3. 얇게 펴서 에어프라이어에서 160℃ 20분 돌려 준다.

4. 바삭하게 익은 땅콩칩을 자유롭게 잘라 준다.

TIP
- 식감이 부드러워서 바삭한 것을 잘 못 먹는 아기들에게 좋아요.
- 얇게 만들수록 바삭해요.
- 바삭하게 만들려면 에어프라이어에서 170℃ 12분 돌려 주세요(에어프라이어 사양에 따라 조절해 주세요.).

비타민과 무기질이 듬뿍 들어 있는 메뉴

브로콜리두부무침

INGREDIENTS • 1~2회분

두부 50g
브로콜리 15g
통깨 1ts
소금 1꼬집

1 브로콜리는 찜기에 2분간 쪄 준다.

2 브로콜리는 먹기 좋은 크기로 썰어 준다.

3 두부는 끓는 물에 데친 후 키친타월로 물기를 제거해 준다.

4 두부는 으깨 준다.

5 통깨는 절구로 빻아 준다.

6 모든 재료를 골고루 섞어 준다.

TIP
- 통깨를 그대로 사용해도 좋으나 빻으면 향이 더 좋아요.
- 참기름을 살짝 추가해도 좋아요.
- 소금 대신 간장으로 간을 해도 좋아요.

도토리묵무침

INGREDIENTS · 2회분

도토리묵 60g
사과 20g
오이 20g

양념장
파프리카가루 1/2ts
아기간장 1ts
조청 1/2ts
들기름 1/2ts
통깨 1/2ts

1. 도토리묵은 끓는 물에 2분간 데쳐 준다.

2. 도토리묵, 사과, 오이는 먹기 좋은 크기로 썰어 준다.

3. 양념장 재료를 골고루 섞어 준다.

4. 볼에 모든 재료를 넣고 살살 버무려 준다.

TIP
- 도토리묵은 데친 후 찬물에 빠르게 식혀 건져 주세요.
- 사과는 오이로 대체해도 좋아요. 사과나 오이가 들어가야 산뜻한 맛이 나서 좋아요.
- 들기름 대신 참기름으로 대체해도 좋아요.
- 통깨는 절구에 빻아 사용하면 향이 더 좋아요.

요거트샐러드

INGREDIENTS · 1~2회분

브로콜리 10g
파프리카 10g
블루베리 10g
사과 10g
플레인요거트 1Tbs

1. 브로콜리와 파프리카는 찜기에 2분 간 쪄 준다.

2. 브로콜리, 파프리카, 사과는 먹기 좋은 크기로 썰어 준다.

3. 볼에 모든 재료를 넣고 섞어 준다.

TIP
- 채소, 과일은 집에 있는 재료로 대체해도 좋아요.
- 기호에 따라 당을 추가해도 좋아요.

오이김무침

INGREDIENTS · 2회분

오이 40g
아기김 1/2봉
통깨 1/2ts

1 오이는 먹기 좋은 크기로 썰어 준다.

2 김은 잘게 부숴 준다.

3 통깨는 절구에 갈아 준다.

4 모든 재료를 볼에 넣고 섞어 준다.

TIP
- 기호에 따라 조미김/무조미김으로 선택해요.
- 통깨는 바로 갈아야 향이 더 좋아요.
- 참기름을 살짝 더해 줘도 좋아요.

사과오이샐러드

INGREDIENTS • 2~3회분

사과 30g
오이 30g
레몬즙 1ts
조청 1ts
올리브유 1/2ts
소금 1꼬집

1. 오이는 반 갈라 씨를 제거해 준다.

2. 사과와 오이는 먹기 좋은 크기로 썰어 준다.

3. 레몬즙, 조청, 올리브유, 소금을 섞어 준다.

4. 볼에 모든 재료를 넣고 버무려 준다.

TIP
- 신맛과 단맛은 입맛에 맞게 가감해 주세요.
- 소스 맛이 배어야 더 맛있으니 미리 만들어 냉장 보관해 주세요.

사과상추겉절이

INGREDIENTS • 1~1.5회분

상추 1장
사과 1/4개
아기간장 1/2ts
올리고당 1/2ts
식초 1/5ts
참기름 1/2ts
통깨 1/2ts

1 상추를 씻어 물기를 제거하고 한입 크기로 잘라 준다.

2 분량의 양념장도 미리 만들어 준다.

3 사과도 껍질을 깎은 뒤 한입 크기로 잘라 준다.

4 볼에 담고 분량의 양념장을 모두 넣은 뒤 조물조물 버무려 준다.

5 모자란 간을 보고 통깨를 뿌려 마무리한다.

TIP
- 양념장만 미리 넉넉하게 만들어 둔 뒤, 사과와 상추만 잘라 그때그때 무쳐 주세요.
- 아기간장, 올리고당 대신 맛간장으로 대체 가능해요.

기본 나물 3종(숙주, 콩나물, 시금치)

INGREDIENTS • 3~4회분

숙주 50g
콩나물 50g
시금치 80g

간

맛간장 or 국간장 or 액젓 or 천일염 or 맛소금 등
(4번 과정 참고)

1 숙주와 콩나물은 발을 따고, 시금치는 뿌리를 손질해 준다

2 숙주와 콩나물은 각각 끓는 물에 1분 30초 정도, 시금치는 끓는 물에 1분 정도 데쳐 준다.

3 세 종류의 데친 나물은 각각 찬물에 헹구고 물기를 꼭 짜 준다.

4 간하기 3가지 방법
① 건강한 맛 : 맛간장 1/2ts
② 감칠맛 도는 맛 : 액젓 또는 천일염 0.3ts
③ 식당 맛 : 맛소금 0.2ts
①~③ 중 택 1 + 참기름 1/2~1ts + 통깨 1/2ts

TIP

- 청경채나물, 배추나물, 비타민나물, 느타리버섯나물 등 다른 채소들도 같은 레시피로 활용해 보세요.
- 아기 때는 잘 먹다가도 4~5살쯤 되면 나물을 싫어하게 되는 경우가 있어요. 집에서는 나물을 안 먹는 아이가 식당 콩나물무침이나 할머니집 나물은 좋아한다면 간을 조금 해서 주는 것도 좋아요.

다시마무침

INGREDIENTS · 3~4회분

쌈다시마 사방 7cm 4장
액젓 1/3ts
식초 1/3ts
참기름 1/3ts
통깨 1/2ts
올리고당 1/3ts

1 다시마는 얇은 쪽으로 잘라서 준비한 뒤 물에 10분 정도 담가서 짠기를 빼 준다.

2 끓는 물에 1분 정도 데쳐서 한 김 식혀 준다.

3 양념장을 섞어서 미리 만들어 준다.

4 데친 다시마는 물기를 닦고 아기가 먹을 수 있는 크기로 잘게 잘라 준다.

5 양념장에 잘 버무리고 간을 본 후 마무리한다.

TIP •다시마를 제시한 레시피보다 더 많은 양으로 조리할 경우에는 10분보다 더 오래 담가 주세요.

가지나물

INGREDIENTS • 3~4회분

가지 1/2개(80g)
맛간장 1ts
참기름 1ts
통깨 1/2ts

맛간장이 없는 경우
국간장 2/3ts
물 1/3ts
참기름 1ts
설탕 1/5ts
통깨 1/2ts

1 가지는 깨끗이 씻어 적당한 크기로 잘라 준다.

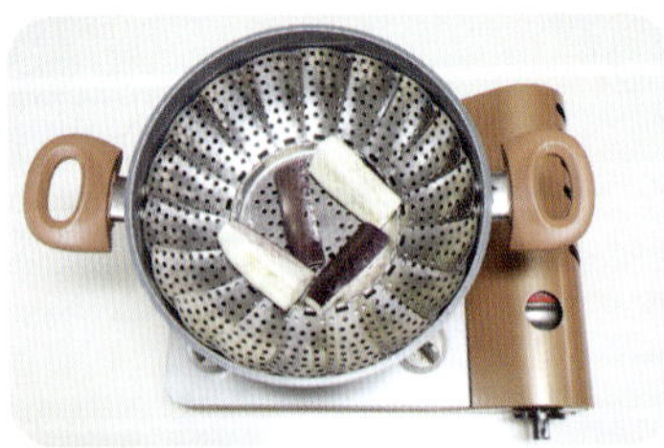

2 끓는 찜기에 3분 정도 쪄 준다.

3 한 김 식힌 다음 한입 크기로 결 따라 자르거나 찢은 뒤 물기를 짜 준다.

4 찐 가지에 맛간장, 참기름, 통깨를 넣고 조물조물 무쳐 준다.

TIP •밀폐용기에 담아 보관하고 2~3일 내 소진해 주세요.

브로콜리새우볶음

INGREDIENTS • 1~2회분

새우 30g
브로콜리 20g
다진 마늘 1ts
버터 5g

1 브로콜리와 새우는 먹기 좋은 크기로 썰어 준다.

2 버터를 녹인 팬에 다진 마늘을 넣고 볶아 준다.

3 마늘 향이 올라오면 브로콜리를 넣고 가볍게 볶아 준다.

4 새우를 넣고 볶아 준다.

TIP
• 버터를 식용유로 대체해도 좋으나 버터의 풍미가 더 좋아요.
• 다진 마늘은 타기 쉬우니 약불에서 볶아 주세요.

돼지고기청경채굴소스볶음

INGREDIENTS • 1~1.5회분

돼지목살 50g
청경채 4~5잎
슬라이스한 대파 3~4조각
굴소스 1/2ts
올리고당 1/3ts
통깨 1ts
식용유 1/2ts

1 돼지목살을 길쭉길쭉하게 잘라 준다.

2 청경채는 깨끗이 씻은 뒤 먹기 편하게 세로로 반 잘라 준다.

3 팬에 식용유를 두르고 대파를 넣어 약불에서 대파기름을 내고 고기를 올려 준다.

4 자른 목살을 넣어 노릇노릇 파기름을 입히며 구워 준다.

5 목살이 거의 다 익어 가면 청경채와 분량의 양념을 넣고 빠르게 볶아 준다.

6 모자란 간을 보고 통깨를 넣어 마무리한다.(다소 간간한 간이라 어린 연령의 경우에는 양념 양을 더 줄여 준다.)

TIP •돼지 안심 혹은 잡채용 살코기를 사용해도 좋아요.

바지락표고버섯버터볶음

INGREDIENTS · 2회분

버터 1조각(5g)
깐 바지락 50g
표고버섯 1개
채 썬 양파 3~4조각
굴소스 0.2ts
올리고당 0.1ts
(간은 생략 가능)

1. 깐 바지락은 물에 한 번 헹궈 물기를 제거해 준다.

2. 표고버섯과 양파는 채 썰어 준다.

3. 표고버섯은 끓는 물에 30초 정도 데쳐서 물기를 제거해 준다.

4. 달군 팬에 버터를 녹이고 양파를 먼저 볶아 준다

5. 양파가 반쯤 익으면 바지락과 표고버섯을 넣고 버터 향을 입히면서 볶아 준다.

6. 굴소스, 올리고당으로 간을 맞추고 통깨를 뿌려 마무리한다.

TIP
- 표고버섯은 향이 너무 강해서 데치면 향도 연해지고 쫄깃쫄깃해서 아이들이 먹기 좋아요.
- 따로 데치지 않고 다 같이 볶아도 괜찮아요.
- 아이가 어린 월령일 경우 재료를 잘게 다져서 사용하세요.

새송이장조림

INGREDIENTS · 3회분

미니새송이버섯 130g
통깨 1큰술
배도라지 1포(100ml 내외)
채수 100ml
아기간장 1큰술

1. 미니새송이버섯은 먹기 좋은 크기로 손질해 준다.
2. 냄비에 버섯, 배도라지, 채수, 통깨, 아기간장을 넣고 팔팔 끓여 준다.
3. 완성

가지달걀말이

INGREDIENTS · 2회분

가지 30g

달걀 2개

1 가지는 얇게 썰어 준다.

2 기름을 두른 팬에 가지를 앞뒤로 살짝 구워 준다.

3 달걀을 풀어 준다.

4 달걀물을 반 정도 부어 가지를 올리고 말아 준다.

5 나머지 달걀물도 부어 말아 준다.

TIP
- 소금을 살짝 추가해도 좋아요.
- 가지 껍질의 식감을 싫어할 경우 벗겨서 사용해도 좋아요.

콩나물새우전

INGREDIENTS · 2회분

콩나물 50g
새우 30g
밀가루 2Tbs
물 2Tbs
다진 마늘 1ts

1. 콩나물은 1~2cm 길이로 자르고, 새우는 굵게 다져 준다.
2. 볼에 모든 재료를 넣고 섞어 준다.
3. 중약불로 달군 팬에 반죽을 올려 앞뒤로 노릇하게 구워 준다.

TIP
- 밀가루 대신 부침가루로 대체해도 좋아요.
- 새우를 입자감 있게 다져야 씹는 식감이 더 좋아요.

쫀득채소전

INGREDIENTS • 2회분

감자 1/2개
양파 1/2개
당근 약간
애호박 약간
밥새우 약간
오일 약간

전분물

전분 1큰술
찬물 10ml

1. 감자, 양파, 당근, 애호박을 얇게 채 썰어 준다.

2. 팬에 오일을 두르고 채소를 올린 다음 전분물을 둘러 가며 부어 준다. 취향에 따라 위에 밥새우를 뿌려 가며 익혀 준다.

3. 완성

TIP •채소의 종류는 중요하지 않아요. 냉털채소를 사용하세요.

카레연근구이

INGREDIENTS · 1~2회분

연근 60g
카레가루 1/2ts
찹쌀가루 1ts

1 연근은 0.5cm 두께로 썰어 준다.

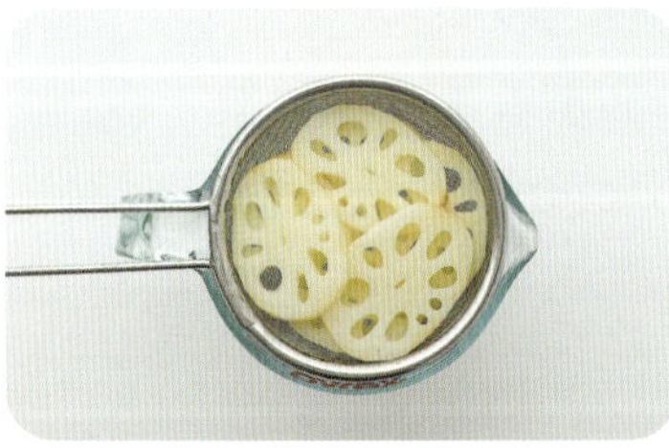

2 끓는 물에 연근을 2분간 데친 후 찬 물에 헹궈 물기를 제거해 준다.

3 찹쌀가루와 카레가루를 섞어 준다.

4 연근에 가루를 골고루 입혀 준다.

5 기름을 두른 팬에 중약불에서 앞뒤로 구워 준다.

TIP
•바로 구워서 먹어야 제일 맛있어요.
•무염식의 경우 카레가루 대신 커리파우더 소량으로 대체해도 좋아요.

우유가지카레

INGREDIENTS • 3~4회분

가지 150g
돼지고기 다짐육 100g
양파 50g
버터 5g
우유 200ml
카레가루 1Tbs

1 가지는 깍둑 썰고 양파는 채 썰어 준다.

2 버터를 녹인 팬에 양파를 넣고 투명해질 때까지 볶아 준다.

3 돼지고기와 가지를 넣고 충분히 볶아 준다.

4 우유와 카레가루를 넣고 한소끔 끓여 준다.

5 블렌더로 곱게 갈아 준다.

TIP
- 돼지고기 대신 소고기나 닭고기로 대체해도 좋아요.
- 카레가루는 아이 입에 맞게 양을 조절해 주세요.
- 무염식의 경우 카레가루 대신 커리파우더 소량으로 대체해도 좋아요.

애호박소고기볶음밥

INGREDIENTS · 1회분

애호박 60g
소고기 다짐육 30g
밥새우 1큰술
밥 70g
오일 약간

1. 팬에 오일을 두르고 소고기와 밥새우를 먼저 볶아 준다.
2. 소고기가 어느 정도 익으면 애호박, 밥을 넣고 애호박이 투명해질 때까지 고슬고슬하게 볶아 준다.
3. 완성

TIP •간을 하는 아이는 아기간장을 추가해서 볶아 주세요.

소고기콩나물밥

INGREDIENTS · 2회분

소고기 다짐육 60g
콩나물 100g
쌀 100g
물 120~150g
식용유 1ts

소고기양념

다진 마늘 1/3ts
진간장 1/3ts
설탕 1/5ts

양념장

진간장 1큰술
물 1큰술
통깨 1큰술
참기름 1/2큰술
송송 썬 부추 1ts(선택)

1. 쌀은 깨끗이 씻은 뒤 미리 20분 정도 불려 준다.

2. 소고기 다짐육은 키친타월로 핏물을 제거한 뒤 양념을 해 주고, 콩나물도 깨끗이 씻어 준다.

3. 밥솥에 쌀과 물을 넣고 위에 콩나물을 얹은 다음 취사를 눌러 준다.

4. 물 양은 진밥 먹는 아기의 경우 150g, 어른과 함께 먹을 경우 120g으로 조절해 준다. 콩나물에서 물이 나오므로 평소보다 물을 조금 적게 잡아 준다.

5. 밥이 지어지는 동안 소고기 다짐육에 다진 마늘, 진간장, 설탕을 넣어 조물조물 버무린 다음 식용유를 두르고 고기를 볶아 준다.

6. 완성된 콩나물밥에 볶아 둔 고기와 양념장을 넣어 잘 비벼 준다.

양배추달걀김밥

INGREDIENTS • 1~1.5회분

김밥김 1장
밥 2큰술
달걀 1개
채 썬 양배추 15g
참치액 1/2ts
참기름 1/2ts
식용유 1ts

1 양배추는 최대한 얇게 썰어 물에 헹군 뒤 물기를 빼 준다.

2 달걀을 곱게 풀고, 양배추와 참치액을 넣고 잘 섞어 준다.

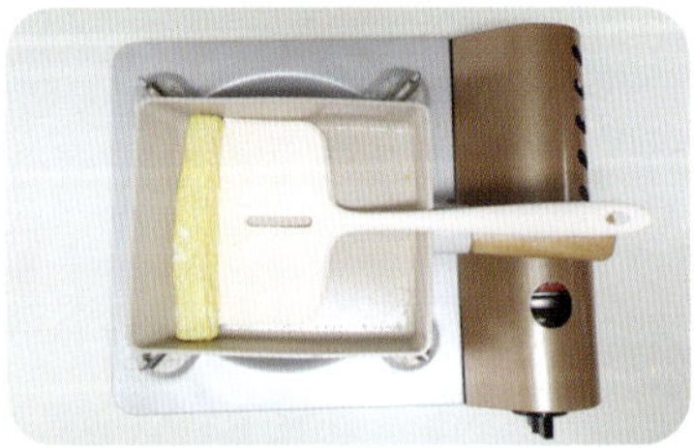

3 양배추달걀물을 달걀말이하듯 돌돌 말아 단단하게 부쳐 준다.

4 김밥김을 3/4 크기로 잘라 준다.

5 밥을 얇게 깔고, 위에 양배추달걀부침을 올려 준다.

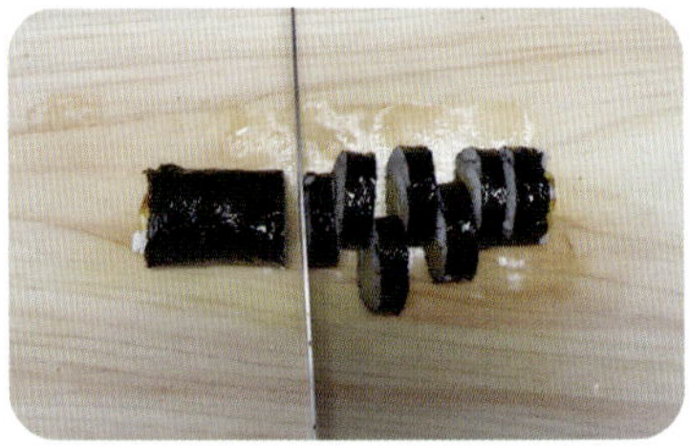

6 돌돌 말아 준 다음 참기름을 소량 바르고 한입 크기로 잘라 준다.

TIP
• 취향에 따라 햄, 치즈, 시금치 등을 넣어도 좋아요.
• 달걀이 너무 크면 아이가 먹기에 부담스러울 수 있으니 어린 연령의 경우 달걀물을 2/3만 넣어서 말아 주세요.

매생이파스타

INGREDIENTS · 1회분

애호박 20g
느타리버섯 30g
소고기 다짐육 20g
건조매생이 1포
우유 200ml
파스타면 50g
소금 1꼬집
알룰로스 1/2ts
오일 약간

1 냄비에 올리브유를 두르고 애호박, 느타리버섯, 소고기 다짐육을 볶아 준다.

2 소고기가 익으면 우유, 건조매생이를 넣고 졸이듯이 익혀 소스를 만들어 준다.

3 소스가 졸아들면 미리 삶아 놓은 파스타면을 넣고 섞어 가면서 마저 익혀 준다.

4 완성

TIP
- 파스타면은 리가토니면 또는 푸실리를 추천해요.
- 파스타면은 삶을 때 80% 정도만 익히고 소스를 졸이면서 마저 익혀 주세요.

시금치페스토파스타

INGREDIENTS · 1회분

파스타면 50g
데친 시금치 30g
마늘 3g
견과류(아몬드, 피스타치오, 호두, 잣 등) 5g
올리브유 약간
우유 70ml
기버터 1큰술
소고기 다짐육 30g

1. 끓는 물에 올리브유를 넣고 파스타면을 삶아 준다.

2. 차퍼에 데친 시금치, 마늘, 견과류, 우유를 넣고 갈아 준다.

3. 파스타면이 익으면 물은 버리고 채소, 시금치소스, 기버터, 소고기 다짐육을 넣고 졸이듯이 익혀 준다.

4. 완성

탄단지를 한 그릇에 담은 메뉴

김연두부덮밥

INGREDIENTS · 1회분

연두부 90g
닭육수 100ml
아기김 1봉
밥 90g

전분물

전분가루 1/2ts
물 1ts

1 파는 잘게 다지고 김은 대충 부수어 준다.

2 팬에 파를 넣고 볶아 준다.

3 파 향이 올라오면 연두부를 넣고 부수듯이 섞어 준다.

4 닭육수를 넣고 수분이 절반 정도로 줄 때까지 끓여 준다.

5 김을 넣고 섞어 준다.

6 전분물을 넣고 섞어 준다.

TIP

- 닭육수 대신 물로 대체할 경우 간을 추가해 주세요.
- 기호에 따라 조미김 혹은 무조미김을 선택하세요.

소고기과일덮밥

INGREDIENTS · 1회분

불고기용 소고기 50g
과일 퓌레 50ml
양파 50g
통깨 1큰술
채수(또는 물) 30ml
오일 약간
아기간장 1ts(무염은 생략)

1 양파와 소고기는 아이가 먹기 좋은 입자감으로 썰어 준다.

2 팬에 오일을 둘러 소고기, 과일 퓌레, 양파, 통깨를 넣고 볶아 주다가 채수를 살짝 추가해서 촉촉하게 익혀 준다.

3 완성

소고기애호박덮밥

INGREDIENTS • 1회분

소고기 다짐육 30g
애호박 40g
양송이버섯 1개(15g)
채수 20ml
아기간장 1/2ts(선택)
참기름 1/2ts(선택)

1. 애호박과 양송이버섯을 아기에 맞는 입자감으로 썰어 준다.
2. 찜기에 해동한 소고기를 잘 펼쳐 주고 애호박, 양송이버섯, 채수를 넣어 전자레인지에서 3분 돌려 준다. 기호에 따라 아기간장, 참기름을 1바퀴 둘러 준다.
3. 완성

TIP •소고기가 잘 익었는지 확인해 주세요. 또는 익힌 소고기를 사용하세요.

소고기메추리알장조림덮밥

INGREDIENTS • 1~2회분

메추리알 10알
소고기 사태(또는 양지) 150g
물 600ml
대파 1/3뿌리
양파(소) 1/2개
표고버섯 1/2개
통마늘 2개
맛간장(또는 아기간장) 1~2큰술
밥 100g

1. 소고기는 10분 정도 찬물에 담가 핏물을 빼고, 키친타월로 톡톡 두드려 준비해 준다.

2. 채소들은 깨끗이 씻어 큼직하게 잘라 두고, 깐 메추리알도 물에 한 번 헹궈서 준비해 준다.

3. 밥솥에 재료들을 담고 물을 부어 센불로 3분, 중불로 25분 동안 푹 삶아 준다.(중간에 거품을 걷어 낸다.)

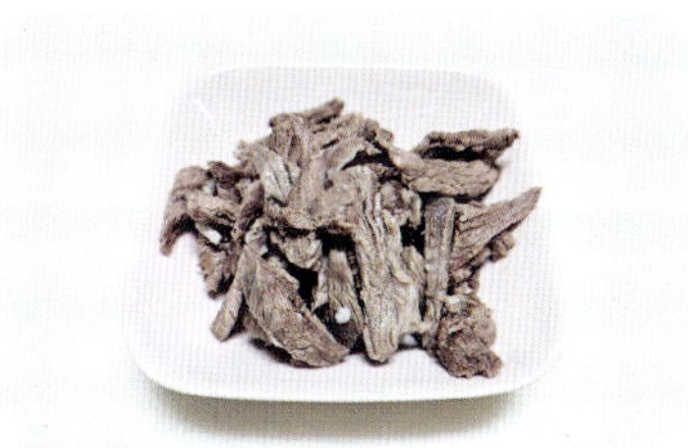

4. 불을 끄고 고기는 건져서 한 김 식혀 한입 크기로 찢어 준다.

5. 우러난 육수 1국자, 아기간장 1큰술, 찢어 둔 고기, 메추리알을 모두 넣고 팔팔 끓어오르면 중약불로 낮춰 5분 정도 졸이듯 더 끓여 준다.

6. 밥 위에 고기, 메추리알, 국물을 넣어 촉촉하게 비벼 준다.

TIP
•국물이 넉넉한 비율로 밥을 비비기 좋아요.
•간장 양은 아기 연령에 따라 조절해 주세요.
•국물이 많은 것 같아도 냉장고에 넣어 뒀다 꺼내면 조금 줄어 있어요.
•4세 이상은 일반 진간장을 사용해도 돼요.

차돌박이부추덮밥

INGREDIENTS • 1~1.5회분

차돌박이 60~70g
밥 80g
맛간장 1~2ts
다진 마늘 1/2ts
참기름 약간
통깨 1ts
잘게 썬 부추 1큰술(6g)

1 부추는 깨끗이 씻어 아이가 먹을 수 있도록 잘게 썰고, 차돌박이도 냉동 상태로 준비해 준다.

2 반쯤 달궈진 팬에 차돌박이를 올려 앞뒤로 구워 준다.

3 핏기가 사라지면 맛간장, 다진 마늘, 참기름을 넣고 졸이듯 볶아 준다.

4 부추를 넣고 30초 볶다가, 30초는 불을 끄고 잔열에 익혀 준다.

5 밥 위에 볶은 차돌박이를 토핑으로 올린 뒤 통깨를 뿌려 마무리하고 잘 비벼 준다.

TIP
•차돌박이 대신 우삼겹도 가능해요.
•맛간장이 없는 경우 일반 간장에 올리고당을 소량 섞어서 사용해 주세요.

오징어무덮밥

INGREDIENTS • 1회분

다진 오징어 40g
무 40g
후리가케(또는 통깨) 1ts
물 50ml
아기간장 1/2ts(선택)

① 무는 아이에 맞는 입자감으로 깍뚝 썰어 준다.

② 프라이팬에 무, 오징어, 후리가케(또는 통깨), 물을 넣고 자작하게 졸이듯이 익혀 준다.

③ 완성

TIP
• 저염 중인 아기는 아기간장으로 간을 맞춰 주세요.
• 통깨를 갈아서 넣으면 풍미가 더 올라가요.

꽁치통조림덮밥

INGREDIENTS • 1~2회분

밥 2큰술 듬뿍
통조림 꽁치 80g
양파 15g
애호박 15g
무 25g
다진 마늘 1ts
맛간장 3ts
맛술 1/2ts
쌀뜨물 100ml

1. 통조림 꽁치는 물에 한 번 헹궈 준비해 준다.

2. 양파, 애호박, 무는 한입 크기로 잘라 준다.

3. 냄비에 무를 먼저 깔고 꽁치와 채소, 양념, 쌀뜨물을 함께 넣어 준다.

4. 센불에서 끓이다가 끓어오르면 3분간 더 끓여 준다.

5. 약불에서 3~5분간 더 끓인 다음 모자란 간을 보고 마무리한다.

6. 따뜻한 밥 위에 국물과 함께 얹어서 비벼 준다.

TIP

•끓일 때 작은 꽁치 한 덩이를 부셔서 으깨 주면 국물도 걸쭉해지고 더 맛있어요.

돈가스김치덮밥

INGREDIENTS · 3회분

버섯 50g
양파 60g
채수 200ml
아기돈가스 1장
달걀 1개
아기김치 80g

1 구운 아기돈가스를 먹기 좋은 크기로 썰어 준다.

2 손질한 버섯, 양파, 아기김치, 채수를 냄비에 보글보글 끓여 준다.

3 달걀은 풀어서 냄비에 1바퀴 둘러서 푹 익혀 주고 위에 아기돈가스를 올려 준다.

4 완성

깍두기버터볶음밥

INGREDIENTS · 1회분

기버터 5g
파 1큰술
아기깍두기 2큰술
소고기 다짐육 30g
밥 80g
오일 약간

1 팬에 파, 기버터, 오일을 두르고 먼저 볶아 준다.

2 1에 소고기 다짐육, 아기깍두기를 넣고 볶다가 밥을 넣고 고슬고슬 볶아 준다.

3 완성

참치치즈김치볶음밥

INGREDIENTS • 1~1.5회분

밥 100g
캔참치 2/3큰술
어슷 썬 대파 2~3조각
김치 2/3큰술
설탕 1꼬집
아기치즈 1/2장
굴소스 1/3ts
식용유 2ts

1. 김치는 잘게 썰고, 대파는 어슷 썰고, 캔참치는 기름을 쪽 빼서 함께 준비해 준다.

2. 중간불로 달군 팬에 식용유와 대파를 넣어 파기름을 내 준다.

3. 파기름에 김치와 설탕 1꼬집을 넣고 1분간 달달 볶아 준다.

4. 참치를 함께 넣어 골고루 볶아 준다.

5. 밥과 굴소스도 넣어 잘 섞어 준다.

6. 모자란 간을 보고 따뜻할 때 아기치즈를 올려 녹여 준다.

TIP

• 김치 염도와 익은 정도에 따라 설탕 양을 가감해 주세요.

낫또볶음밥

INGREDIENTS · 1회분

낫또 30g
파 20g
당근 15g
다진 마늘 1ts
밥 90g

1 파와 당근은 잘게 다져 준다.

2 기름을 두른 팬에 파, 당근, 다진 마늘을 넣고 볶아 준다.

3 재료가 충분히 익으면 밥을 넣고 볶아 준다.

4 불을 끈 후 낫또를 넣고 가볍게 볶아 준다.

TIP •간장 혹은 동봉된 소스를 함께 넣고 볶아도 좋아요.

해물볶음밥

INGREDIENTS • 1회분

오징어 30g
새우 30g
파 20g
애호박 20g
당근 10g
밥 90g

1. 오징어와 새우는 먹기 좋은 크기로 잘라 주고, 파, 애호박, 당근은 잘게 다져 준다.

2. 팬에 파를 넣고 볶아 준다.

3. 파 향이 올라오면 애호박, 당근을 넣고 볶아 준다.

4. 당근이 익으면 오징어, 새우를 넣고 볶아 준다.

5. 오징어와 새우가 익으면 밥을 넣고 볶아 준다.

TIP
- 오징어는 껍질 벗긴 몸통 부분을 사용하면 부드러워요.
- 냉동 새우의 경우 해동 후에 무게를 재 주세요.

소고기단호박리소토

INGREDIENTS • 1회분

소고기 다짐육 40g
찐 단호박 60g
양파 20g
밥 90g
우유 100ml

1 양파는 잘게 다지고 찐 단호박은 으깨 준다.

2 팬에 양파를 넣고 투명해질 때까지 볶아 준다.

3 소고기를 넣고 볶아 준다.

4 단호박, 밥, 우유를 넣고 섞은 후 원하는 농도가 되면 마무리한다.

TIP •소금이나 간장을 조금 추가해도 좋아요.

게살리소토

INGREDIENTS · 1회분

밥 70g
다진 양파 15g
다진 애호박 30g
익힌 게살 30g
밥새우 1큰술
우유 40ml
참기름(선택)
김자반(선택)
아기간장(선택)
치즈(선택)

1. 찜기에 밥, 다진 애호박, 양파, 게살, 밥새우, 우유를 계량해 준다.

2. 뚜껑을 덮어 전자레인지에서 3분 돌려 준다.

3. 완성

크랩케이크

INGREDIENTS · 2회분

밥 90g
애호박 20g
팽이버섯 20g
익힌 게살 30g
달걀 2개
아기간장 1ts(생략 가능)

1 채소들은 아기가 먹기 좋은 크기로 다져 준다.

2 찜기에 게살, 밥, 애호박, 팽이버섯, 게살, 달걀, 간장을 넣고 섞은 다음 전자레인지에서 3분 돌려 준다.

3 완성

김치달걀밥

INGREDIENTS · 1회분

아기김치 2큰술(30g)
달걀 1개
후리가케(또는 통깨) 1큰술
밥 80g
채수 30ml

1. 찜기에 밥, 달걀, 김치, 후리가케(또는 통깨), 채수 순서로 넣어 준다.
2. 전자레인지에서 3분 돌려 준다.

소고기듬뿍오므라이스

INGREDIENTS • 1~2회분

소고기 다짐육 40g
다진 채소 20g
달걀 1개
밥 70g
식용유 1큰술
케첩 1/2~1큰술
소금 1꼬집(선택)
굴소스 1/2ts(선택)

1 소고기 다짐육은 핏물을 톡톡 두드려 닦은 뒤, 소금을 1꼬집 넣어 밑간해 준다(밑간은 선택).

2 집에 있는 자투리 채소 몇 종류를 아이가 먹을 수 있는 크기로 다져 준다.

3 반쯤 달군 팬에 식용유를 두르고 소고기와 채소를 함께 넣고 중간불에 볶아 준다.

4 고기가 익으면 밥을 넣고 다같이 잘 섞어 준 다음 굴소스로 간을 하고 마무리한다(굴소스 대신 소금도 가능).

5 달걀은 풀어서 얇게 지단을 부쳐 준다.

6 달걀을 아래에 깔고, 반쪽에 밥 볶은 것을 올린 다음 남은 달걀 반쪽을 덮어 준다. 취향껏 케첩을 곁들인다.

크림카레우동

INGREDIENTS · 1회분

닭다릿살(또는 육류, 해산물) 50g
브로콜리 20g
양파 20g
양송이버섯 1개
우유 100ml
아기치즈 1장
카레가루 1ts
우동면 1/2개

1. 닭다릿살, 브로콜리는 먹기 좋은 크기로, 양파, 양송이버섯은 잘게 다져 준다.

2. 팬에 양파와 양송이버섯을 넣고 양파가 투명해질 때까지 볶아 준다.

3. 닭다릿살, 브로콜리를 넣고 볶아 준다.

4. 닭다릿살이 익으면 우유와 카레가루를 넣고 섞어 준다.

5. 우동면은 끓는 물에 1~2분간 데쳐 준다.

6. 4에 우동면, 아기치즈를 넣고 한소끔 끓여 준다.

TIP
• 무염식의 경우 카레가루 대신 커리파우더 소량으로 대체해도 좋아요.

어묵우동

INGREDIENTS • 1~1.5회분

우동면 1/2개
멸치육수 400ml
참치액 1/2큰술
어묵 1장
달걀 1개

1 멸치육수에 참치액을 넣어 미리 우동 육수를 만들어 준다.

2 어묵은 뜨거운 물을 부어 불순물을 씻어 내고, 꼬지에 꼬불꼬불하게 꽂아 준다.

3 달걀은 얇게 부쳐 지단을 만들어 준다.

4 우동면을 삶아 찬물에 헹궈 준다.(30초 이전에 꺼낸다.)

5 끓는 멸치육수에 우동면과 어묵을 넣고 끓여 준다.

6 모자란 간을 보고 고명을 올려서 마무리한다.

TIP •달걀지단으로 모양을 내면 아이들이 좋아해요.

해산물볶음우동

INGREDIENTS • 1~1.5회분

우동면 1/2개(조리 전 90g)
모듬해물 50g
채 썬 양배추 20~25조각
채 썬 양파 5조각
어슷 썬 대파 2~3조각
식용유 1큰술
다진 마늘 0.2ts
굴소스 2/3ts
올리고당 0.3ts
통깨 1ts

1. 양배추와 양파, 대파는 세척 후 얇게 채 썰어 준다.

2. 모듬해물은 가볍게 세척한 뒤 물기를 닦아 준다.

3. 우동면은 끓는 물에 1분 정도만 데쳐서 면선을 풀어 준다.

4. 달군 팬에 식용유를 두르고 양배추, 양파, 대파를 먼저 30초 정도 센불에 볶아 준다.

5. 모듬해물을 넣고 센불에 30초간 빠르게 볶아 준다.

6. 우동면과 분량의 양념장을 넣고 1분 정도 더 익힌 다음, 모자란 간을 보고 통깨를 뿌려 마무리한다.

닭안심살간장들기름비빔국수

INGREDIENTS • 1~1.5회분

닭안심살 30g
삶은 소면 작게 1줌(삶기 전 30g)
김가루 소량

양념장
맛간장 2큰술
들기름1큰술
올리고당 0.3큰술(선택)

1. 닭안심살은 우유에 10분 정도 담가 잡내를 빼고, 물에 한 번 헹궈 준비한다.

2. 끓는 물에 닭안심살을 데친 뒤 한 김 식혀 한입 크기로 찢어 준다.

3. 소면을 끓는 물에 삶아서 찬물에 헹궈 물기를 빼 준다.

4. 소면, 닭안심살, 김가루를 그릇에 담아 준다.

5. 양념장을 끼얹고 골고루 비벼 준다.

6. 연령에 따라 간이 셀 수 있으니, 양념장을 조금씩 넣어 가며 간을 본다.

TIP • 취향에 따라서 달걀지단, 데친 채소들을 올려도 좋아요.

잔치국수

INGREDIENTS • 1~1.5회분

멸치육수 200ml
삶은 소면 작게 1줌(삶기 전 30g)
채 썬 애호박 1큰술
달걀 1개
들기름 1/2ts
물 조금
채 썬 당근 1/2큰술
국간장 1/2ts
기름 약간
아기간장 1/2ts(또는 소금 1꼬집)

1. 채 썬 애호박은 들기름을 넣고 볶다가 물을 조금 넣어 말랑하게 볶아 준다.

2. 당근도 기름을 넣고 볶다가 물을 살짝 넣어 말랑하게 볶아 준다.

3. 달걀은 지단을 부쳐 준다(1/3 정도만 사용).

4. 소면은 끓는 물에 삶아서 찬물에 헹궈 물기를 빼 준다.

5. 소면에 준비한 고명을 올리고 멸치육수를 부어서 완성한다. 취향에 따라 아기간장이나 소금을 넣어 간을 한다.

TIP
- 기호에 따라 소고기 다짐육 볶음, 잘게 다진 배추김치 등을 올려도 맛있어요.
- 달걀지단은 1/3 정도만 사용하니, 다음날 떡만둣국 등 다른 요리에 고명으로 사용하세요.

떠먹는프렌치토스트

INGREDIENTS • 1회분

과일 퓌레 50ml
아기쌀식빵 50g
달걀 1개
시나몬가루 1꼬집(생략 가능)
우유 20ml

1. 전자레인지 용기에 아기쌀식빵을 먹기 좋은 크기로 깍둑썰기하여 넣어 준다.

2. 1에 달걀, 과일 퓌레, 채소알갱이, 시나몬가루를 넣어 준다.

3. 모든 재료를 고르게 섞어 준다.

4. 전자레인지에서 2~3분 돌려 준다.

TIP

• 아기식빵 : 뮬랭듀몽드 제품. 노달걀, 노밀가루, 무가염 쌀식빵이라 이유식 때부터 달걀 알러지가 있어도 먹을 수 있어요. 시중 우유식빵을 사용해도 돼요.

PART 2

밥태기 아이
편식 없는
유아식

특식 & 완밥 메뉴

아기멘보샤

INGREDIENTS • 3회분

흰다리새우 150g
달걀흰자 1개
감자전분 1큰술(15g)
아기식빵(또는 일반식빵) 8장
오일 약간

1 아기식빵을 먹기 좋은 크기로 잘라서 준비해 준다.

2 손질한 새우, 달걀흰자, 채소알갱이, 전분을 차퍼에 다져 준다.

3 새우필링을 식빵 사이에 채워 주고 오일을 코팅한 후 에어프라이어에서 170℃ 10분, 뒤집어서 10분 더 구워 준다.

4 완성

TIP •차퍼를 사용하지 않고 칼로 다져도 돼요.

아기돈가스

INGREDIENTS · 5회분

돈가스용 돼지 등심 280g
달걀 2~3개
밀가루 1컵
빵가루 1컵(넉넉히)
소금 약간(생략 가능)
오일 약간

1 달걀은 풀어서 소금간을 살짝 해 준다.

2 등심을 밀가루, 달걀, 빵가루 순서로 코팅해 준다.

3 모양을 잡아 에어프라이어에서 160℃ 20분 익혀 준다.

4 완성

TIP
- 아이가 먹을 거라 돼지 등심은 얇은 게 좋아요.
- 달걀에 소금간을 하지 않고 고기에 밑간을 해도 돼요.
- 남은 돈가스는 글래드랩으로 포장한 후 냉동 보관해 주세요.

유린기

INGREDIENTS · 1~2회분

닭다리살 50g
우유 50ml
식용유 1컵
감자전분 종이컵 1~2컵
채 썬 양상추 1큰술 듬뿍

밑간
미림 1/2큰술
다진 마늘 1ts
소금 0.2ts

양념장
맛간장 2큰술
올리고당 1/2큰술
식초 1/2큰술

맛간장이 없는 경우
진간장 1큰술
물 1큰술
설탕 0.3ts

1. 닭다리살은 우유에 잠시 재워 잡내를 제거한 뒤 적당한 크기로 잘라서 준비해 준다.

2. 닭다리살에 전분가루를 골고루 묻힌다. 너무 많이 묻히지 않도록 주의한다.

3. 끓는 기름에 넣어 튀겨 준다. 기름 온도가 너무 올라가지 않게 중불로 유지해 준다.

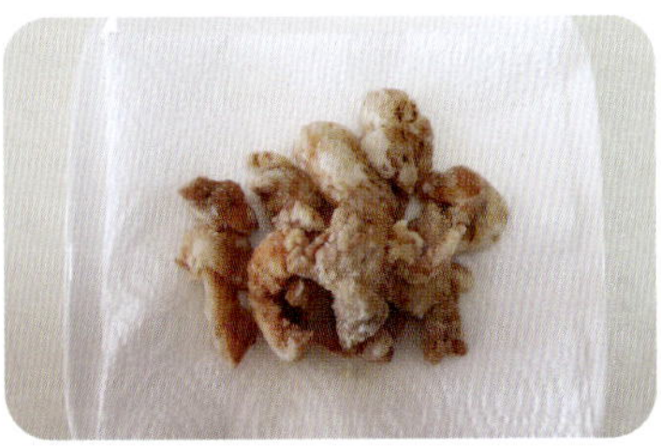

4. 튀긴 닭다리살은 키친타월에 올려 기름을 제거한 뒤 한 김 시혀 준다.

5. 분량대로 양념장을 준비해 준다.

6. 세척 후 물기를 제거하고 채 썬 양상추 위에 튀긴 닭고기를 얹어 양념장과 함께 낸다.

TIP
• 닭다리살은 두 번 튀기면 더 맛있어요.

탕수육

INGREDIENTS · 1회분

돼지 등심(또는 안심) 60g
밀가루 25g+α
물 20ml
달걀물 15g
식용유 5g+α

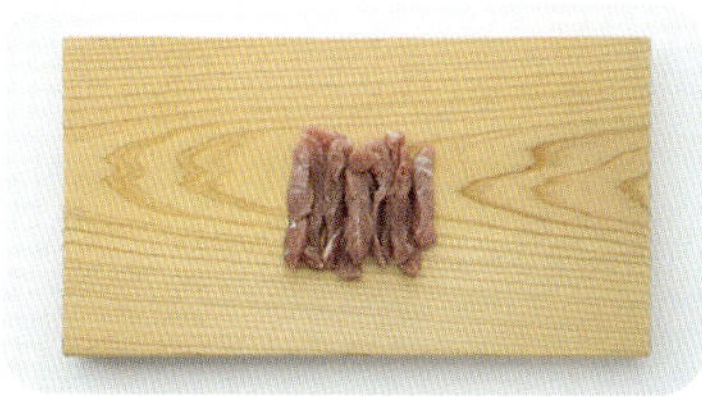

1. 등심은 약간 두께감 있게 길쭉하게 썰어 준다.

2. 그릇에 밀가루, 물, 달걀물, 식용유를 넣고 섞어 준다.

3. 고기에 밀가루를 가볍게 묻혀 준다.

4. 고기에 반죽물을 입혀 준다.

5. 달궈진 기름에 고기를 넣고 노릇해지면 건져 냈다가 1~2분 후 다시 넣고 가볍게 튀겨 준다.

TIP
- 1차로 묻히는 밀가루와 튀김용 기름은 +α로 표기했어요.
- 기름에 반죽물을 한두 방울 넣었을 때 파르르 튀겨지면 고기를 넣어 주세요.

탕수소스

INGREDIENTS · 1회분 _ 양파 5g, 당근 5g, 사과주스 100ml, 아기간장 1/2ts **전분물** _ 전분가루 1ts, 물 2ts

1. 양파와 당근은 먹기 좋은 크기로 썰어 준다.

2. 팬에 양파와 당근을 넣고 가볍게 볶아 준다.

3. 사과주스와 간장을 넣고 한소끔 끓여 준다.

4. 전분물을 넣고 섞어 준다.

짬뽕

INGREDIENTS • 2~3회분

대패삼겹살 50g
새우 40g
오징어 40g
홍합 40g
알배추 30g
양파 30g
파 20g
다진 마늘 1ts
파프리카가루 2ts
닭육수 200ml

1 대패삼겹살, 오징어, 알배추는 먹기 좋은 크기로 썰어 준다. 파는 송송 썰고, 양파는 채 썰어 준다.

2 냄비에 대패삼겹살, 파, 다진 마늘을 넣고 중약불에서 볶아 준다.

3 알배추와 양파를 넣고 가볍게 볶아 준다.

4 알배추의 숨이 살짝 죽으면 파프리카 가루를 넣고 볶아 준다.

5 새우, 오징어, 홍합을 넣고 볶다가 겉면이 익으면 닭육수를 넣고 한소끔 끓여 준다.

TIP
• 해산물은 기호에 맞게 선택하세요.
• 닭육수 대신 물을 사용할 경우 간을 추가해 주세요.

연포탕

INGREDIENTS · 2~3회분

낙지 80g
멸치육수 500ml
무 30g
배추 15g
대파 5조각(5g)
다진 마늘 1ts
천일염 1/3ts

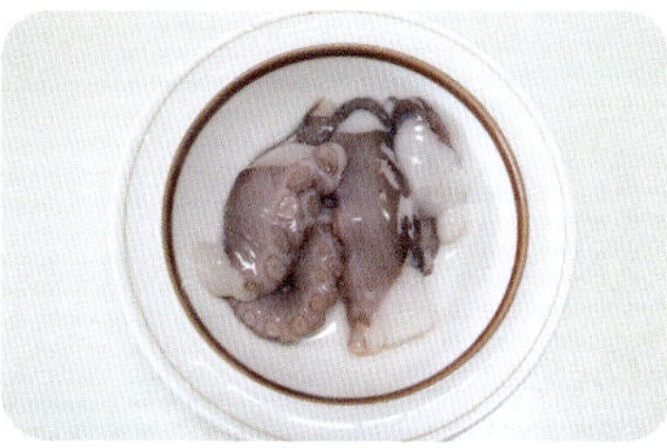

1. 낙지는 밀가루를 묻혀 씻은 뒤 깨끗하게 헹궈 준다.

2. 무, 배추, 대파도 세척한 뒤 작은 크기로 잘라 준다.

3. 끓는 멸치육수에 무, 배추, 대파와 다진 마늘, 천일염을 먼저 넣고 팔팔 끓여 준다.

4. 무가 익으면 낙지를 넣고 끓여 준다. 낙지는 오래 익히면 질겨지니 2분 이내로 짧게 익혀 준다.

5. 낙지가 익으면 불을 끄고 모자란 간을 보고 마무리한다.

TIP
- 낙지는 익기 전에는 잘 안 잘리니 익은 다음 먹을 때 잘게 자르세요.
- 절단낙지를 사용하면 편해요.

콩나물우럭찜

INGREDIENTS • 1회분

꼬마우럭 1조각
콩나물 1줌(50g)
대파 10g
아기된장 1큰술
후리가케(또는 통깨) 1큰술

1. 씻은 콩나물을 아이가 먹기 좋게 잘라 준다.
2. 냄비 또는 팬에 콩나물, 꼬마우럭, 대파, 아기된장, 후리가케(또는 통깨), 물을 약간 넣고 뚜껑을 덮고 졸아들 때까지 익혀 준다.
3. 완성

TIP
• 생선 : 아린이네생선가게 제품. 익혀 나와서 사용이 편리해요.
• 아기된장 대신 파프리카장, 아기쌈장, 아기간장 1큰술을 사용해도 돼요.

밥솥등갈비

INGREDIENTS · 5회분

돼지 등갈비 1kg
파 2큰술
파프리카 30g
당근 30g
사과 1/2개
배도라지즙 1포(100ml 내외)
아기된장 1큰술

1. 등갈비는 끓는 물에 10분 이상 삶아 주고, 각종 채소는 채 썰어 준다.

2. 사과, 배도라지즙, 아기된장을 차퍼에 갈아 준다.

3. 모든 재료를 밥솥에 넣고 찜모드로 40분 돌려 준다.

4. 완성

TIP
- 파프리카, 당근 대신에 아이가 좋아하는 채소를 넣어도 좋아요.
- 사과, 배도라지즙이 없다면 과일 퓌레를 사용해도 돼요.
- 과일 퓌레가 없으면 아기간장(또는 된장) + 아가베시럽으로 대체할 수 있어요.

돼지갈비찜

INGREDIENTS • 3~4회분

돼지갈비 300g
만능고기양념(p.24) 100g
무 50g
당근 20g
아기간장 2ts
월계수잎 1장
물 200ml+α

1. 냄비에 물과 월계수잎을 넣고 끓어오르면 돼지갈비를 넣고 5분간 데쳐 준다.

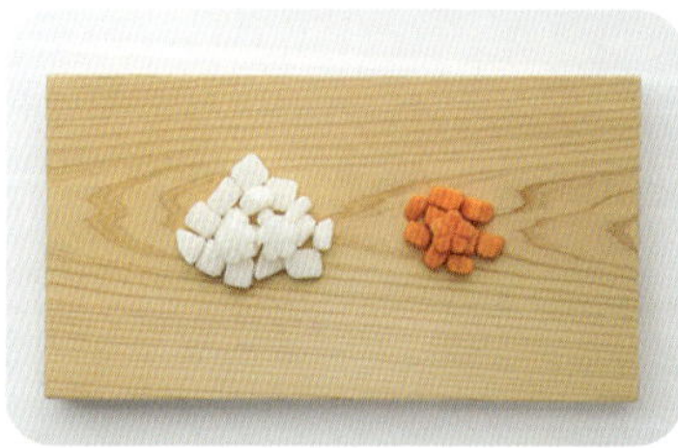

2. 무와 당근은 먹기 좋은 크기로 썰어 준다.

3. 냄비에 돼지갈비, 만능고기양념, 물을 넣고 끓어오르면 중불에서 뚜껑 열고 15분간 끓여 준다.

4. 무, 당근, 간장을 넣고 중약불에서 뚜껑 닫고 15분간 끓여 준다.

TIP

- 처음 데치는 물은 +α로 표기했어요.
- 화력에 따라 국물이 부족할 경우 중간에 물을 약간 추가해도 좋아요.
- 데친 돼지갈비는 흐르는 물로 불순물을 씻어 주세요.
- 기호에 따라 채소를 추가해도 좋아요.

수제햄

INGREDIENTS • 다회분

돼지고기 다짐육 300g
양파 10g
마늘 2g
전분가루 15g
소금 1~2g
물 30㎖

1 양파와 마늘은 곱게 다져 준다.

2 물에 전분가루와 소금을 넣고 섞어 준다.

3 볼에 모든 재료를 넣고 찰기가 생길 때까지 치대며 섞어 준다.

4 내열 용기에 반죽을 최대한 꾹꾹 눌러 담아 준다.

5 찜기에 넣고 약불에서 50분간 쪄 준다.

TIP
- 한 김 식힌 후 냉장고에서 3시간 이상 차갑게 식혀 1조각씩 소분해 냉동 보관하세요.
- 돼지고기는 지방이 섞인 부위일수록 식감이 더 부드러워요.
- 용기에 반죽을 꾹꾹 눌러 담은 후 가운데 부분을 살짝 눌러 주세요. 익으면서 가운뎃부분이 솟아오르는 것을 방지할 수 있어요

소고기장조림

INGREDIENTS • 7~8회분

소고기 장조림용 200g
마늘 20g
채수 800ml
아기간장 1Tbs
조청 1/2Tbs

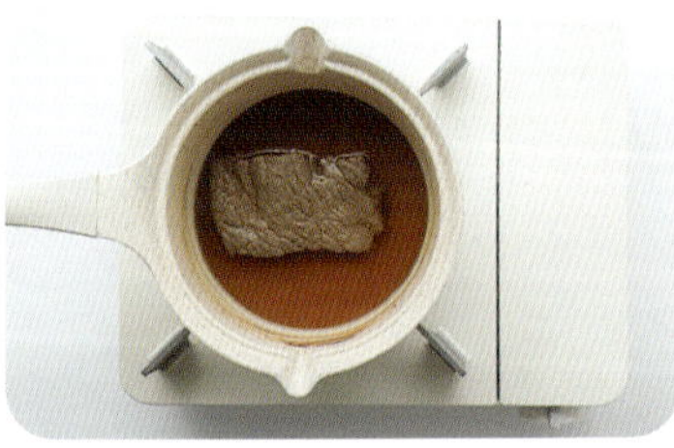

1. 채수가 끓어오르면 소고기를 넣고 중불에서 뚜껑을 열고 40분간 끓여 준다.

2. 고기를 건져 한 김 식힌 후 결대로 찢어 준다.

3. 마늘은 3~4등분 해 준다.

4. 소고기 삶은 물에 모든 재료를 넣고 약불에서 뚜껑을 닫고 20분간 끓여 준다.

TIP
- 우둔살, 홍두깨살 등을 사용하면 좋아요.
- 1번 과정에서 채수가 처음보다 1/4~1/3가량 남으면 돼요.
- 결대로 찢지 않고 결 반대로 썰면 고기가 더 부드러워요.

슈비스테이크

INGREDIENTS • 2~3회분

소고기 다짐육 100g
새우 50g
양파 20g
다진 마늘 1ts

1 새우는 굵게, 양파는 잘게 다져 준다.

2 볼에 모든 재료를 넣고 치대듯 섞어 준다.

3 반죽을 둥글납작하게 빚어 준다.

4 200℃로 예열한 오븐에서 10분, 뒤집어서 5분 구워 준다.

TIP
- 기름을 두른 팬에 구워도 좋아요.
- 버거 패티로 활용해도 좋아요.
- 아이가 먹기 편하게 볼이나 스틱 형태로 만들어도 좋아요.

명태쌀전

INGREDIENTS · 1회분

명태큐브 8조각(60g)
애호박 20g
쌀가루 10g
달걀 1개
오일 약간

1 명태큐브는 해동한 후 물기를 꼭 짜 준다. 차퍼에 애호박, 쌀가루, 달걀을 넣고 다져 준다.

2 팬에 오일을 살짝 두르고 노릇하게 구워 준다.

3 완성

TIP •다른 생선큐브 종류를 사용해도 좋아요.

밥새우팽이전

INGREDIENTS · 2회분

팽이버섯 100g
달걀 2개
밥새우 1ts
오일 약간

1 다진 팽이버섯, 달걀, 밥새우를 고르게 섞어 준다.

2 기름을 두른 팬에서 약~중불로 노릇하게 구워 준다.

3 완성

해물부추전

INGREDIENTS • 1~2회분

다진 해물 2~3가지 1큰술 듬뿍
부추 70g
채 썬 당근 6~7조각
부침가루 3큰술
물 4.5큰술
식용유 2큰술

1. 해물은 새우, 바지락, 낙지, 오징어 등 여러 종류를 준비해 한 번 헹궈 물기를 제거한 뒤 잘게 다져 준다.

2. 부추와 당근은 비슷한 크기로 잘라 준비한다.

3. 분량대로 부침가루 반죽을 만들어 준다.

4. 부침가루 반죽에 다진 해물, 부추, 당근을 모두 넣고 잘 섞어 준다.

5. 달군 팬에 식용유를 두르고, 얇고 넓게 반죽을 펼쳐서 부쳐 준다.

6. 앞뒤로 뒤집어 가며 타지 않게 노릇노릇 구워 준다.

TIP •부침가루는 찬물에 풀어야 튀겼을 때 바삭해요.

감자김밥

INGREDIENTS · 1회분

찐 감자 100g
수제햄(p.115) 30g
당근 20g
아기치즈 1장
김밥김 1장

1 찐 감자는 으깨 준다.

2 햄은 길쭉하게 썰고 당근은 채 썰어 준다.

3 김은 열십자로, 치즈는 길게 4등분 해 준다.

4 햄은 가볍게 굽고 당근은 볶아 준다.

5 김 위에 감자를 고르게 펴 준다.

6 속재료를 올린 후 김밥을 말듯 말아 준다.

TIP
- 김밥은 앞뒤로 톱질하듯 살살 썰면 깔끔하게 썰려요.
- 감자 대신 고구마, 단호박 등으로 대체해도 좋아요.

콩나물굴국밥

INGREDIENTS · 1회분

콩나물 1줌
무 20g
대파 2조각
생굴 3~4개
멸치육수 400ml
밥 80g
천일염 1/4ts(씻을 때 1/8ts, 간할 때 1/8ts)

1. 생굴은 천일염을 뿌려 씻은 뒤 물에 살살 헹궈 준다.

2. 콩나물과 무, 대파도 깨끗이 씻어 준비한다.

3. 끓는 멸치육수에 무와 대파를 먼저 넣어 무를 먼저 익혀 준다.

4. 무를 찔렀을 때 반쯤 익었다면 콩나물을 넣고 2분간 팔팔 끓여 준다.

5. 생굴과 천일염을 넣고 1분 정도 더 끓여 준다.

6. 밥을 넣고 섞어 가며 2분간 더 끓이고, 간을 보고 마무리한다.

연두부콩국수

INGREDIENTS • 1회분

연두부 60g
우유 60ml
볶은 콩가루 1/2Tbs
소면 40g

1. 연두부, 우유, 콩가루는 블렌더로 곱게 갈아 준다.

2. 소면은 끓는 물에 4분간 삶아 준다.

3. 삶은 소면은 찬물에 씻은 후 건져 준다.

4. 그릇에 면과 콩국물을 담아 준다.

TIP
• 삶은 달걀, 오이, 토마토 등을 고명으로 올려 먹으면 좋아요.
• 기호에 따라 소금 혹은 설탕을 조금 추가해도 좋아요.

갈릭버터새우메추리알꼬치

INGREDIENTS • 1~2회분

메추리알 2개
깐 새우 2마리
맛간장 1ts
다진 마늘 1/2ts
버터 1조각(7g)

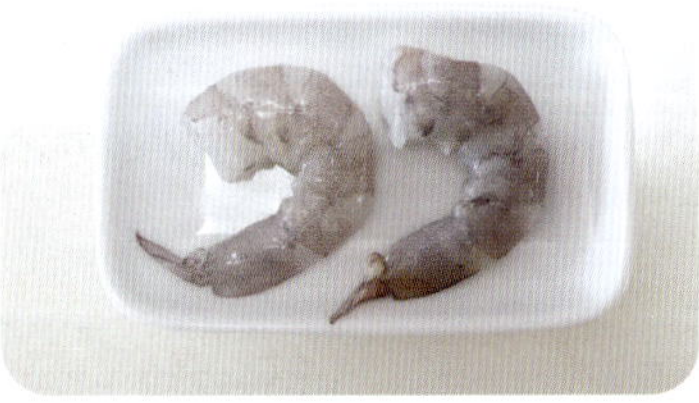

1 새우는 한 번 헹궈 짠기를 뺀 뒤 물기를 닦아 준다.

2 메추리알은 삶아서 껍질을 깐 뒤 준비해 준다.

3 약불로 살짝 달궈진 팬에 버터를 녹이고 버터가 녹으면 다진 마늘을 넣어 향을 입혀 준다.

4 새우를 버터와 다진 마늘에 넣고 앞뒤로 향을 입혀 준다.

5 맛간장을 넣어서 약불에 졸이듯 간을 해 준다.

6 꼬지에 새우와 메추리알을 꽂아서 마무리한다.

TIP •깐 메추리알을 사용해도 돼요.

고구마또띠아피자

INGREDIENTS · 1회분

또띠아 1장
소시지 1/2개
피자치즈 종이컵 1컵
시판 피자소스 2큰술
채 썬 양파 4~5조각
채 썬 피망 4~5조각
찐 고구마 1/2개
옥수수 1큰술
우유 2큰술
피자소스 2큰술
치즈 4~5큰술(70g)

1 양파와 피망은 채 썰고, 소시지는 뜨거운 물에 30초 정도 담가 불순물을 제거한 뒤 슬라이스해 준다.

2 찐 고구마는 우유를 넣고 으깨 준다.

3 또띠아, 피자치즈, 콘옥수수, 피자소스도 준비한다.

4 종이포일 위에 또띠아를 놓고 피자소스를 골고루 펴 바른 뒤, 그 위에 고구마를 펴 발라 준다.

5 소시지, 양파, 피망, 옥수수도 차례로 올린 뒤, 피자치즈를 골고루 뿌려 준다.

6 종이포일 위에 피자를 올리고 3분간 예열한 에어프라이어에서 200℃ 5분간 구워 준다.

TIP
- 에어프라이어 기종에 따라 온도, 시간은 조금씩 다를 수 있어요.
- 기호에 따라 고구마를 제외하고 만들어도 좋아요.

옥수수크림파스타

INGREDIENTS · 1회분

옥수수(스위트콘) 60g
양파 50g
우유 100ml
버터 5g
파스타면 30g

1 양파는 가늘게 채 썰어 준다.

2 버터를 녹인 팬에 양파를 넣고 약간 갈색이 될 때까지 볶아 준다.

3 옥수수, 양파, 우유를 블렌더로 곱게 갈아 준다.

4 파스타면은 조리법에 적힌 시간대로 끓는 물에 삶아 준다.

5 팬에 옥수수 소스와 삶은 파스타면을 넣고 가볍게 볶아 준다.

TIP
- 양파를 충분히 볶아야 풍미가 좋아요.
- 스위트콘 대신 초당옥수수를 사용해도 좋아요.
- 파스타면은 종류에 따라 삶는 시간이 다르니 제품의 조리법을 참고해 주세요.

두부크림파스타

INGREDIENTS · 1회분

쌀파스타면 50g
양파 30g
소고기 다짐육 30g
두부 80g
채수 100ml
아기치즈 1장
오일 약간

1. 두부와 채수를 믹서에 갈아서 소스를 만들어 준다.

2. 양파와 소고기는 오일을 두른 팬에 먼저 볶아 준다.

3. 고기와 양파가 익으면 미리 삶아 놓은 파스타면을 넣고 졸이듯이 익혀 준다.

4. 완성

TIP

- 쌀파스타면 대신 일반 면을 사용해도 좋아요.
- 파스타면은 삶을 때 80% 정도만 익히고 소스를 졸이면서 마저 익혀 주세요.

스테이크크림파스타

INGREDIENTS • 1~1.5회분

소고기 안심(또는 등심) 70g
휘핑크림(또는 생크림) 100ml
우유 50ml
천일염 0.2ts
파스타면 50g
채 썬 양파 5~6조각
양송이버섯 1개
버터 1조각(5g)
아기치즈 1장

1. 휘핑크림과 우유를 잘 섞어 냉장고에서 20분간 숙성시킨다.

2. 소고기는 핏물을 닦은 뒤, 소금을 앞뒤로 솔솔 뿌려 밑간을 하고, 파스타 완성 시간에 맞춰 구워 준다.

3. 양파, 양송이버섯은 채 썰어 준비하고, 파스타면도 미리 삶아 물기를 빼 둔다.(찬물에 헹구지 않는다.)

4. 반쯤 달궈진 팬에 버터를 녹인 뒤, 양파, 양송이버섯을 넣어 향을 낸 다음 양파가 익으면 ①의 크림소스를 부어 준다.

5. 면과 소금을 넣고 소스와 함께 잘 섞어 준다.

6. 아기치즈를 넣고 잔열에 살짝 녹여 준 뒤 스테이크를 올려서 먹는다.

TIP •아이가 시판 파스타를 좋아한다면 액상 치킨스톡을 아주 조금 넣어 주세요.

감자그라탱

INGREDIENTS • 1회분

찐 감자 100g
소고기 다짐육 40g
양파 30g
우유 100ml
아기치즈 1장

1 양파는 채 썰고 찐 감자는 으깨 준다.

2 팬에 양파를 넣고 볶아 준다.

3 양파가 투명해지면 소고기를 넣고 볶아 준다.

4 소고기가 익으면 우유와 감자를 넣고 꾸덕해질 때까지 끓인 후 치즈를 올려 준다.

TIP •아이가 이앓이, 밥태기 등으로 입맛이 없을 때 먹이면 좋아요.

에그인헤븐

INGREDIENTS · 1회분

닭안심살(또는 육류 및 해산물) 60g
양파 20g
브로콜리 10g
양송이버섯 1개
버터 5g
메추리알 3개
우유 150ml
아기치즈 1장

1. 닭안심살과 브로콜리는 먹기 좋은 크기로 썰고, 양파와 양송이버섯은 잘게 다져 준다.

2. 버터를 두른 팬에 양파와 양송이버섯을 넣고 양파가 투명해질 때까지 볶아 준다.

3. 닭안심살을 넣고 볶다가 80% 정도 익으면 브로콜리를 넣고 볶아 준다.

4. 우유를 넣고 끓어오르면 아기치즈를 녹여 준다.

5. 오븐 용기에 담고 메추리알을 넣은 후 180℃로 예열한 오븐에서 15분간 익혀 준다.

TIP
- 우유, 아기치즈 대신 생크림으로 대체해도 좋아요.
- 오븐에 넣기 전에 이쑤시개 등으로 메추리알 노른자를 찔러 주세요. 그대로 사용하면 터질 수 있어요.
- 기호에 따라 면, 빵, 밥 등을 곁들여 먹으면 좋아요.

냉털 메뉴

어묵볶음

INGREDIENTS · 2~3회분

사각어묵 1장
양파
당근
식용유 1큰술
진간장 1/2ts
물 1/2ts
물엿 1ts
통깨 1ts

1. 어묵은 뜨거운 물에 1분 정도 담가 첨가물을 제거해 준다.

2. 어묵, 당근 양파를 얇게 길쭉길쭉 썰어 준다.

3. 팬에 식용유를 두르고 양파, 당근을 먼저 익혀 준다.

4. 양파와 당근이 반쯤 익으면 어묵과 양념장을 넣어 센불에 빠르게 볶아 준다.

5. 모자란 간을 보고 통깨를 뿌려 마무리한다.

TIP •반찬통에 담아 냉장고에 넣어 두었다가 먹기 전에 전자레인지에 살짝 데우면 좋아요.

백만송이버섯등심볶음

INGREDIENTS • 2회분

백만송이버섯 80g
돼지 등심 70g
사과즙 30ml

1 백만송이버섯과 돼지 등심을 먹기 좋은 크기로 썰어 준다.

2 팬에 돼지 등심, 사과즙을 넣고 익히다가 버섯을 넣고 노릇하게 볶아 준다.

3 완성

TIP •간을 하는 아기는 아기간장을 추가해 주세요.

베이컨부추팽이버섯전

INGREDIENTS · 2~3회분

팽이버섯 1봉
부침가루 1큰술
달걀 1개
베이컨 1줄
부추 소량
식용유 2큰술

1 팽이버섯은 뿌리를 자르고 물에 한 번 헹궈 물기를 제거해 준다.

2 베이컨은 뜨거운 물에 한 번 담가 불순물을 뺀 다음 잘게 잘라 주고, 부추도 적당한 크기로 잘라 준다.

3 볼에 팽이버섯, 부침가루, 베이컨, 부추를 모두 넣어 버무려 준다.

4 달걀은 곱게 풀어서 반죽에 골고루 섞어 준다.

5 팬에 기름을 두르고 반죽을 모양 잡아서 올려 준다.

6 앞뒤로 노릇노릇 부쳐 준다.

채소달걀말이

INGREDIENTS • 2~3회분

달걀 2개
다진 자투리 채소(당근, 애호박, 양파, 버섯 등) 1큰술
식용유 약간
참치액 소량

1 집에 있는 자투리 채소들을 다져 준다.

2 푼 달걀에 다진 채소, 참치액을 넣어 달걀물을 만든 다음 식용유를 약간 두른 팬에 얇게 펼쳐 준다.

3 말아 가면서 모양을 잡아 준다.

4 반죽물은 한 번에 다 붓지 말고 조금씩 부어 가며 통통하게 말아 준다.

5 한 김 식힌 다음 알맞은 크기로 잘라 준다.

TIP
• 밀폐용기에 넣어 냉장고에 넣어 뒀다가 먹어도 좋아요. 단, 2~3일 내에 소진하세요.

낫또달걀말이

INGREDIENTS · 2회분

낫또 30g
달걀 2개

1 달걀은 1개씩 각각 풀어 준다.

2 한쪽 달걀물에 낫또를 넣고 섞어 준다.

3 약불로 달군 팬에 낫또 섞은 달걀물을 부어 고르게 편 다음 아랫면이 익으면 말아 준다.

4 남은 달걀물을 부어 말아 준다.

TIP
- 소금을 살짝 추가해도 좋아요.
- 낫또 입문용으로 먹기에 좋아요.

옥수수전

INGREDIENTS · 2회분

옥수수(스위트콘) 50g
양파 10g
당근 10g
브로콜리 10g
밀가루 2Tbs
물 2Tbs

1 양파, 당근, 브로콜리는 잘게 다져 준다.

2 옥수수는 물기를 빼고 준비해 준다.

3 볼에 모든 재료를 넣고 섞어 준다.

4 약불로 달군 팬에 앞뒤로 구워 준다.

TIP
• 스위트콘 대신 초당옥수수를 사용해도 좋아요.
• 밀가루 대신 부침가루로 대체해도 좋아요.
• 채소는 냉장고 상황에 따라 다른 걸로 대체해도 좋아요.

애호박밥새우전

INGREDIENTS · 3회분

애호박 150g
밥새우 1큰술
달걀 2개
오일 약간

1. 채 썬 애호박에 밥새우, 달걀을 넣고 섞어 준다.
2. 팬에 기름을 두르고 먹기 좋은 크기로 노릇하게 부쳐 준다.
3. 완성

TIP •달걀 알러지가 있을 경우 달걀 대신 전분과 부침가루를 물 없이(애호박에서 물이 나와요.) 1큰술 넣고 애호박 채 썬 것을 섞어 주세요.

닭고기도토리묵전

INGREDIENTS · 3회분

도토리묵 100g
닭안심살(또는 닭가슴살) 40g
양파 20g
밀가루 2Tbs

1 닭안심살과 양파는 잘게 다져 준다.

2 도토리묵은 입자감 있게 으깨 준다.

3 볼에 모든 재료를 넣고 섞어 준다.

4 중약불로 달군 팬에 반죽을 올려 앞뒤로 노릇하게 구워 준다.

TIP •밀가루 대신 부침가루로 대체해도 좋아요.

돼지고기감자전

INGREDIENTS · 2~3회분

감자 150g
돼지고기 다짐육 40g
파 10g
다진 마늘 1ts

1. 감자를 강판에 갈아 준다.

2. 간 감자는 체에 밭쳐 수분을 제거해 준다.

3. 파는 잘게 다져 준다.

4. 감자를 간 물에서 전분이 가라앉으면 윗물은 버리고 전분만 남겨 준다.

5. 볼에 모든 재료를 넣고 섞어 준다.

6. 중약불로 달군 팬에 앞뒤로 노릇하게 굽는다.

TIP
- 돼지고기는 소고기로 대체해도 좋아요.
- 소금을 살짝 추가해도 좋아요.

돼지고기브로콜리전

INGREDIENTS · 2회분

돼지고기 다짐육 60g
브로콜리 30g
다진 마늘 1ts
밀가루 2Tbs
물 3Tbs

1. 브로콜리는 잘게 다져 준다.

2. 볼에 모든 재료를 넣고 섞어 준다.

3. 중약불로 달군 팬에 반죽을 1숟가락씩 떠서 올려 준다.

4. 앞뒤로 노릇하게 구워 준다.

TIP
- 밀가루 대신 부침가루로 대체해도 좋아요.
- 돼지고기 대신 소고기로 대체해도 좋아요.

오트밀치킨볼

INGREDIENTS • 4회분

닭안심살 100g
오트밀 50g
카레가루 5g
빵가루 적당량
알룰로스 1ts
아기간장 1ts(무염 중인 아기는 생략)
오일 약간

1. 닭안심살은 분유나 우유에 재운 후 근막과 힘줄을 제거해 준다.

2. 차퍼에 닭안심살, 오트밀가루, 카레가루를 넣고 다져 준다.

3. 모양을 잡아 빵가루를 코팅한 뒤 오일을 두른 팬에 노릇하게 구워 주거나, 오일을 코팅한 뒤 에어프라이어에서 150℃ 15분 구워 준다.

4. 완성

소고기찹쌀구이

INGREDIENTS • 1회분

소고기 육전용 50g
찹쌀가루 1/2Tbs
소금 1꼬집

1. 소고기는 키친타월로 가볍게 눌러 핏물을 제거해 준다.

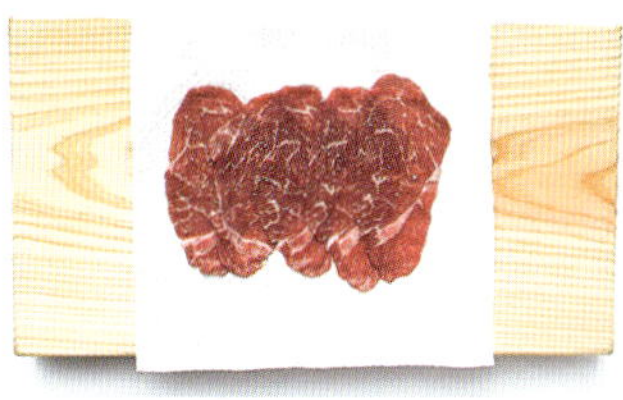

2. 소고기에 소금을 뿌려 밑간해 준다.

3. 소고기 앞뒤로 찹쌀가루를 골고루 묻혀 준다.

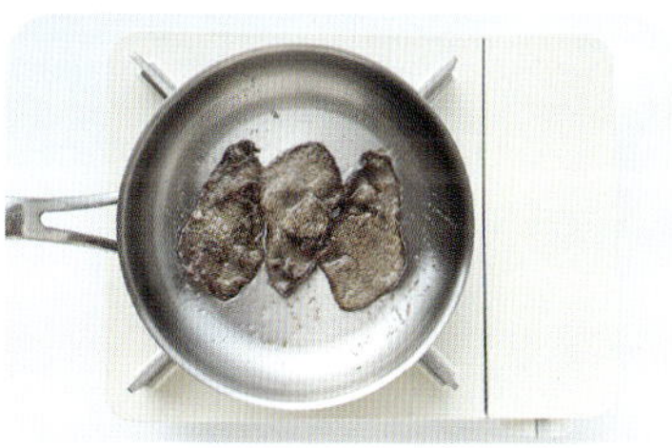

4. 약불로 달군 팬에 기름을 두르고 앞뒤로 노릇하게 구워 준다.

TIP

• 소금은 생략해도 좋아요.
• 식어도 고기가 뻣뻣해지지 않고 부드러워요.
• 기름을 넉넉히 둘러야 고기의 겉면이 마르지 않아요.

달걀장조림

INGREDIENTS · 3~4회분

달걀 4개
맛간장 종이컵 2컵
물 1컵
통깨 1ts

맛간장이 없는 경우
진간장 1/2컵
물 1컵
설탕 1/3컵

1 달걀은 끓는 물에 10분 정도 넣어서 완숙으로 삶아 준다.

2 찬물에 바로 담가 식힌 다음 껍데기를 모두 까 준다.

3 맛간장과 달걀을 냄비에 넣고 한 번 끓어오르면 불을 줄인 뒤, 약불로 5분 정도 색을 입히며 조려 준다. 진간장, 물, 설탕으로 만드는 경우에는 간장을 먼저 끓인 다음 달걀을 넣어 준다.

4 통깨를 뿌려 마무리한다.

TIP
- 바깥맛에 익숙한 아이라면 설탕 1~2큰술을 같이 넣어 끓여 주세요.
- 밀폐용기에 간장국물과 함께 담아 보관해 주세요.

메추리알감자조림

INGREDIENTS • 3~4회분

메추리알 10개
감자(대) 1개
통깨 약간

양념장 1
(단짠단짠 어린이버전)
진간장 5큰술
올리고당 6큰술
맛술 2큰술
다진 마늘 2/3큰술

양념장 2
(슴슴한 아기버전)
맛간장(p.24) 1컵
물 1/2컵

맛간장이 없는 경우
(슴슴한 아기버전)
진간장 3큰술
올리고당 4큰술
맛술 1/2큰술
다진 마늘 1/2티스푼
물 2큰술

1. 깐 메추리알을 준비한다.

2. 감자는 껍질을 벗겨 한입 크기로 썬 뒤, 찬물에 10분 정도 담가 전분을 빼준다.

3. 분량의 양념장을 준비한다.

4. 양념이 끓어오르면 감자를 넣고 끓여 준다.

5. 감자가 익으면 메추리알을 넣고 잘 굴려 색을 입히며 2~3분 정도 더 조려 준다.

6. 취향에 따라 통깨를 뿌려 마무리한다.

단호박닭조림

INGREDIENTS • 2~3회분

닭안심살(또는 닭가슴살, 닭다릿살) 100g
찐 단호박 50g
파 20g
다진 마늘 1/2Tbs
물 50ml

1. 닭안심살은 먹기 좋은 크기로 썰고, 파는 잘게 다져 준다.

2. 찐 단호박은 으깨 준다.

3. 팬에 파와 마늘을 넣고 볶아 준다.

4. 파 향이 올라오면 닭안심살을 넣고 볶아 준다.

5. 닭안심살 겉면이 익으면 물과 단호박을 넣고 조려 준다.

TIP
• 소금을 살짝 추가해도 좋아요.

두부조림

INGREDIENTS · 2회분

두부 80g
소고기 불고기용(또는 대패삼겹살) 20g
파 10g
다진 마늘 1ts
채수 100ml
아기간장 1/2ts
조청 1/2ts
파프리카가루 1/2ts(생략 가능)

1. 두부는 도톰하게, 소고기는 먹기 좋은 크기로, 파는 잘게 다져 준다.

2. 기름을 두른 팬에 두부를 넣고 앞뒤로 노릇하게 구워 준다.

3. 두부를 덜어 내고 소고기, 파, 마늘을 넣고 볶아 준다.

4. 고기가 익으면 모든 재료를 넣고 조려 준다.

TIP
• 국물이 자작해서 밥을 비벼 먹어도 좋아요.

감자튀김

INGREDIENTS • 1회분

감자 2~3개

오일 약간

후리가케(또는 김자반) 약간(생략 가능)

1 감자를 예쁘게 슬라이스해 준다.

2 슬라이스한 감자를 물에 5~10분간 담가 전분기를 빼 준다.

3 감자 물기를 키친타월로 제거한 뒤 오일을 코팅하고, 후리가케(또는 김자반)를 뿌려 버무린 다음 에어프라이어에서 170℃ 15분간 구워 준다.

4 완성

TIP
- 감자를 슬라이스할 때 채칼을 이용하면 편리해요.
- 저염 중인 아기는 소금으로 간을 맞춰 주세요.

카레치킨강정

INGREDIENTS · 3회분

닭안심살 90g
카레가루 1ts
전분가루 1Tbs
검은깨 약간
알룰로스 1ts
오일 약간

1 닭안심살은 힘줄과 막을 제거한 뒤 먹기 좋은 크기로 잘라 준다.

2 닭안심살, 카레가루, 전분가루 순서대로 얇게 코팅한 뒤, 오일을 두른 팬에서 약중불로 익히다가 검은깨, 알룰로스를 넣고 굴리며 익혀 준다.

3 완성

TIP
- 알룰로스 대신 아가베시럽, 올리고당, 조청 등을 사용해도 돼요.
- 알룰로스, 카레가루를 겉에 코팅하듯 약간만 사용하면 안 짜고 안 달아요.

감자애호박국

INGREDIENTS • 1~2회분

멸치육수 500ml
감자 1/2개
애호박 1/8개
국간장 1/2큰술

1. 감자와 애호박을 손질해 먹기 좋은 크기로 잘라 준다.

2. 감자는 물에 담가 10분 정도 전분기를 빼 준 다음 물에 한 번 더 씻어 준다.

3. 팔팔 끓는 멸치육수에 감자를 먼저 넣고 센불로 2분간 끓이다 애호박을 넣어 준다.

4. 국간장을 넣고 중불에서 2~3분 더 끓여 준다.

5. 채소가 익었는지 확인한 후 불을 끄고 마무리한다.

TIP • 전분기를 빼야 맑은 국을 끓일 수 있어요.

떡만둣국

INGREDIENTS · 1~2회분

떡국떡(또는 떡볶이떡) 2~3개
시판 물만두 5개
달걀 1개
멸치육수 600ml
참치액 1/2큰술

1. 떡은 미리 20분 정도 불려 준다.

2. 달걀은 흰자, 노른자를 분리한 다음 지단을 부쳐 얇게 썰어 준다.

3. 팔팔 끓는 육수에 떡을 먼저 넣어 끓여 준다.

4. 떡이 익으면 만두와 참치액을 같이 넣어 끓여 준다.

5. 모자란 간을 보고 마무리한다.

TIP • 달걀지단을 하지 않을 경우에는 달걀을 곱게 풀어서 팔팔 끓을 때 넣어 주세요.

배추된장국

INGREDIENTS · 1~2회분

멸치육수 500ml
채 썬 배추 1줌
저염된장 1큰술
두부 1/8모

1 배추는 깨끗이 씻어 아기가 먹을 수 있는 크기로 잘게 채 썰어 준다.

2 두부도 아기가 먹을 수 있는 크기로 작게 잘라 준다.

3 팔팔 끓는 멸치육수에 된장을 풀어 준다.

4 배추와 두부를 넣고 중불에서 5분간 푹 끓여 준다.

5 모자란 간을 보고 마무리한다.

감자콘치즈

INGREDIENTS • 3~4회분

옥수수(스위트콘) 60g
감자 60g
양파 30g
당근 20g
버터 5g
우유 100ml
아기치즈 1장

1 감자, 양파, 당근은 옥수수와 비슷한 크기로 썰어 준다.

2 버터를 녹인 팬에 감자, 양파, 당근을 넣고 볶아 준다.

3 감자가 익으면 옥수수와 우유를 넣고 수분을 날리듯 끓여 준다.

TIP
- 치즈는 먹기 전에 올려 잔열로 녹이거나 전자레인지에 살짝 돌려 녹여 주세요.
- 스위트콘 대신 초당옥수수를 사용해도 좋아요.
- 아기치즈 대신 모차렐라 치즈로 대체해도 좋아요.

쌀식빵머핀

INGREDIENTS · 2회분

포리지오트밀 15g
초기쌀가루 20g
바나나 1/2개(50g)
아기쌀식빵 25g
우유 70ml

1 아기쌀식빵은 한입 크기로 잘라 준다.

2 포리지오트밀, 쌀가루, 바나나, 쌀식빵, 우유를 날가루 없이 고르게 섞어 준다.

3 머핀틀에 반죽을 넣고 전자레인지에서 3분, 또는 에어프라이어에서 170℃ 15분간 돌려 준다.

4 완성

PART 3

아이가 아플 때 도움이 되는 유아식

변비 탈출 & 소화가 안 될 때 좋은 메뉴

매생이누룽지죽

INGREDIENTS · 1회분

누룽지 30g
새우 30g
다진 마늘 1/2ts
건조매생이 1/2블럭
물 200ml

1 누룽지는 물에 10분간 불려 준다.

2 새우는 잘게 다져 준다.

3 매생이는 물에 불린 후 체에 밭쳐 물기를 제거해 준다.

4 냄비를 중불에 올리고 끓으면 새우와 다진 마늘을 넣고 5분간 끓여 준다.

5 매생이를 넣고 한소끔 끓여 준다.

TIP
•새우 대신 다른 해산물이나 육류로 대체해도 좋아요.
•불을 끈 후 참기름을 살짝 추가해도 좋아요.

오트밀포리지

INGREDIENTS · 1회분

포리지오트밀 20g

물 90ml

과일 또는 채소 토핑 자유롭게

1. 전자레인지 용기에 오트밀, 물을 계량해 준다.

2. 전자레인지에서 90초간 돌려 준다.

3. 2에 원하는 과일 또는 채소를 자유롭게 토핑해 준다.

TIP

포리지 토핑 재료

•과일 : 바나나, 블루베리, 딸기 등 각종 과일 •단백질 : 두부, 달걀 등 •채소 : 당근, 감자, 고구마 등

두부카레덮밥

INGREDIENTS · 3회분

두부 170g
팽이버섯 70g
돼지고기 다짐육 110g
대파 30g
카레가루 15g
물 20ml
*카레가루는 물에 미리 풀어 주세요.

1. 팬에 오일을 두르고 대파기름을 내 준다.

2. 1에 물기를 짠 두부, 돼지고기 다짐육을 넣고 두부를 으깨면서 익혀 준다.

3. 고기가 익으면 카레가루를 물에 푼 것과 썰어 둔 팽이버섯을 넣고 고르게 볶아 준다.

4. 완성

연두부표고된장국

INGREDIENTS · 3회분

채수 600ml
표고버섯 2개
애호박 1/2개
양파 1/2개
아기된장 1큰술
밥새우 1큰술
연두부 1개(110g)

1 표고버섯, 양파, 애호박은 먹기 좋은 입자감으로 깍뚝썰어 준다.

2 냄비에 채수와 채소, 아기된장, 밥새우를 넣고 15분 이상 끓여 준다.

3 끓어오르면 연두부를 넣고 으깨면서 끓여 준다.

4 완성

근대된장국

INGREDIENTS · 4회분

근대 3장(50g)
양파 1/4개(60g)
무 60g
애호박 60g
밥새우 1큰술 2g
된장 1큰술(20g)
채수 800ml

1. 근대, 양파, 무, 애호박을 먹기 좋은 크기로 썰어 준다.

2. 냄비에 손질한 채소, 밥새우, 된장, 채수를 넣고 15분 이상 팔팔 끓여 준다.

3. 완성

매생이달걀국

INGREDIENTS · 3~4회분

건조매생이 1블럭
달걀 1개
육수 400ml
아기간장 1ts

1 매생이는 물에 불린 후 체에 밭쳐 물기를 가볍게 제거해 준다.

2 달걀을 풀어 준다.

3 육수가 끓으면 약불로 줄인 후 달걀물을 넣어 준다.

4 달걀이 익으면 매생이와 간장을 넣고 한소끔 끓여 준다.

TIP
• 육수 대신 물로 대체할 경우 간을 추가해 주세요.

사과배추무생채

INGREDIENTS · 2~3회분

무 70g
사과 1/8쪽(20g)
알배추 1/3장(10g)
액젓 1~2ts
식초 2ts
올리고당 1ts
통깨 1ts
천일염 1/3ts(선택)

1. 무와 사과는 씻어서 껍질을 깎은 뒤 얇게 채 썰어 준다.

2. 알배추는 씻어서 물기를 제거한 뒤 채 썰어 준다.

3. 사과와 무를 액젓 1~2ts에 10분 정도 절인다.

4. 식초, 설탕을 넣어 골고루 버무린 뒤 통깨를 뿌려 마무리한다. 연령이 높아 싱거울 경우 천일염 1/3ts을 추가한다.

5. 색을 내려면 파프리카 가루 혹은 안 매운 어린이 고춧가루를 소량 활용한다.

TIP

- 액젓 양은 연령이나 입맛에 따라 조절하세요. 액젓 대신 천일염을 사용해도 무방해요.
- 갈수록 물이 생길 수 있어요. 무 절인 물이라 좋은 물이지만, 축축한 게 싫다면 따라내도 괜찮아요.

감자파래볼

INGREDIENTS • 2회분

찐 감자 100g

파래가루 1/2Tbs

1. 찐 감자는 으깨 준다.

2. 파래가루를 넣고 섞어 준다.

3. 반죽을 동그랗게 빚은 후 180℃로 예열한 오븐에서 12분간 구워 준다.

TIP

- 삶은 감자는 수분이 많아서 찌는 걸 권장해요.
- 감자 자체에 수분이 많은 경우에는 전분가루를 추가해 주세요.
- 오븐마다 사양이 다르니 온도와 시간을 조절해 주세요.

고구마새우볼

INGREDIENTS · 3회분

찐 고구마 100g
새우 70g
아몬드가루 30g

1 새우는 잘게 다져 준다.

2 찐 고구마는 으깨 준다.

3 볼에 모든 재료를 넣고 섞어 준다.

4 동그랗게 빚은 후 180℃로 예열한 오븐에서 20분간 구워 준다.

TIP
- 고구마의 수분량에 따라 아몬드가루를 가감해 주세요.
- 손에 물을 묻혀 가며 빚으면 더 편해요.
- 오븐마다 사양이 다르니 온도와 시간을 조절해 주세요.

고구마찹쌀볼

INGREDIENTS · 2회분

찐 고구마 100g
찹쌀가루 20g

1. 찐 고구마는 으깨 준다.

2. 찹쌀가루를 넣고 섞어 준다.

3. 반죽을 동그랗게 빚어 준다.

4. 약불로 달군 기름에 노릇하게 튀겨 준다.

TIP
- 180℃로 예열한 오븐에서 15분간 구워도 좋아요.
- 고구마 수분량에 따라 반죽의 질기가 다르니 반죽의 상태를 보고 손에 묻지 않을 정도로 찹쌀가루를 가감해 주세요.

바나나건포도머핀

INGREDIENTS · 2회분

바나나 1개(120g)
건포도 30g
오트밀가루 30g
달걀 1개
기버터 1ts(5g)

1. 바나나, 건포도 20g, 오트밀가루, 달걀, 기버터를 날가루 없이 고르게 섞어 준다.

2. 반죽을 머핀틀에 넣고 남은 건포도 10g을 위에 장식해 준다.

3. 에어프라이어에서 160℃ 15분간 또는 전자레인지에서 2분 30초간 돌려 준다.

TIP • 기버터 대신 무염버터를 사용해도 돼요.

바나나오트밀빵

INGREDIENTS • 2회분

바나나 1개(90g)
포리지오트밀 20g
초기쌀가루 30g
우유 25ml
달걀 1개

1. 모든 재료를 볼에 넣고 날가루 없이 섞어 준다.
2. 전자레인지 전용용기에 넣고 전자레인지에서 2분 30초간 돌려 준다.
3. 완성

시금치바나나머핀

INGREDIENTS · 2회분

바나나 90g
쌀가루 30g
데친 시금치 30g

1 차퍼에 바나나, 쌀가루, 시금치를 정량으로 계량해 준다.

2 재료들을 고르게 갈아 준다.

3 반죽을 머핀틀에 넣고 에어프라이어에서 150℃ 15분간 구워 준다.

4 완성

TIP
- 레시피대로 하면 떡 같은 식감이 나고, 달걀을 추가하면 빵 같은 식감이 나요.
- 에어프라이어는 기종에 따라 온도와 조리 시간을 조절해 주세요.

사과아보카도요구르트스무디

INGREDIENTS · 1회분

사과 1/8조각
아보카도 1/8조각
요구르트 1개

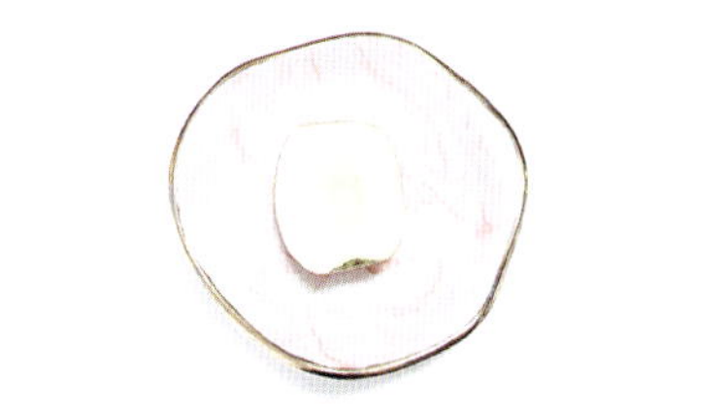

1. 사과는 깨끗하게 씻어 1/8조각으로 나누어 준다.
2. 아보카도는 씨를 빼고 껍질을 분리해 준다.
3. 아보카도는 작게 잘라 1/8조각으로 나누어 준다.

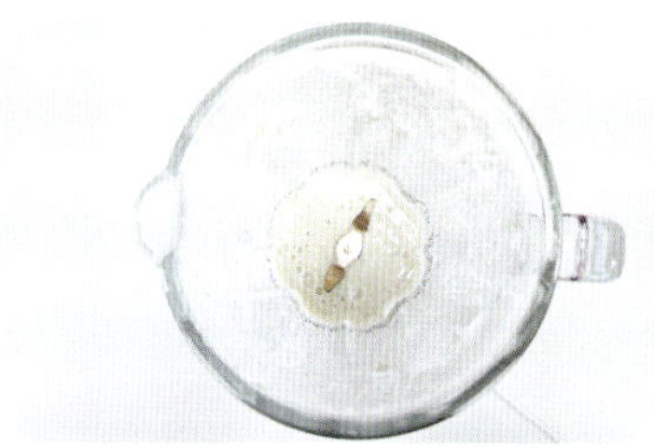

4. 믹서기에 분량의 재료를 모두 넣고 갈아 준다.

토마토주스

INGREDIENTS • 1~2회분

완숙 토마토 1개
올리고당 1ts(선택)

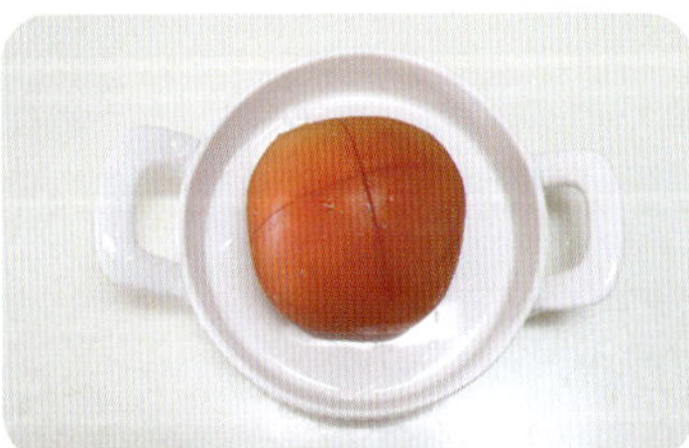

1 토마토는 깨끗이 씻어 꼭지를 따고 열십자를 내 준다.

2 끓는 찜기에서 5분 정도 쪄 준다.

3 익은 토마토는 한 김 식혀 두었다가 껍질을 벗겨 준다.

4 믹서기에 토마토를 넣고 갈아 준다.

TIP • 취향에 따라 올리고당 혹은 꿀(두 돌 이후)을 소량 첨가한다.

장염일 때 먹이기 좋은 메뉴

흰죽

INGREDIENTS • 5~6회분

쌀 종이컵 1컵

물 종이컵 6컵

참기름 1/2큰술(선택)

*위장장애, 장염이 심할 경우에는 참기름은 생략하는 게 좋아요.

1 쌀은 미리 1시간 정도 불려 준다.

2 불린 쌀을 볶듯이 익힌 다음, 졸아들면 물 1컵을 넣고 약불에서 잘 저어 가며 끓여 준다.

3 팔팔 끓어오르면 물 4컵을 더 넣고 중간센불에서 잘 저어 가며 10분 정도 더 끓인다.

4 물이 거의 사라지면 남은 물 1컵을 넣어 저어 가며 끓여 준다.

5 아이의 연령에 따라 농도에 맞게 끓여 준다.

6 참기름을 소량 넣으면 고소하게 먹을 수 있지만, 장염에는 권하지 않는다.

TIP
- 죽에 물이 살짝 남아 있어야 식었을 때 너무 뻑뻑하지 않아요.
- 장염은 2~3일 정도 진행되므로 죽을 끓여서 냉장고에 넣어 두고 덜어서 먹이세요.

양배추단호박죽

INGREDIENTS • 1~2회분

단호박 50g
양배추 30g
찹쌀가루 1스푼
물 5큰술 + 100ml

1 단호박은 껍질을 벗기고 속을 파고, 양배추도 깨끗이 씻은 뒤 둘 다 비슷한 크기로 잘라 준다.

2 찜기에 양배추와 단호박을 넣고 5분 정도 푹 쪄 준다.

3 찐 양배추와 단호박을 물 5큰술과 함께 믹서기에 넣고 곱게 갈아 준다(갈았을 때 양 80g).

4 찹쌀가루는 찬물에 곱게 풀어 준다.

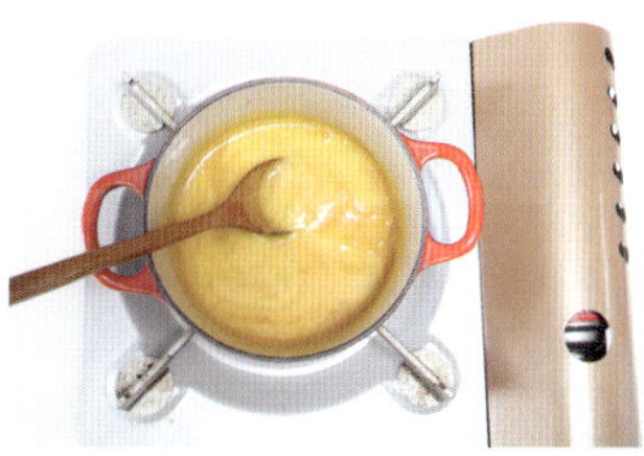

5 냄비에 3과 100ml를 넣어서 끓여 준다. 가장자리가 살짝 끓어오르면 찹쌀가루를 푼 물도 넣어 잘 섞어 가며 꾸덕하게 끓여 준다.

TIP
• 단호박은 통째로 전자레인지에서 2분 정도 돌리면 칼이 잘 들어가서 손질하기 편해요.
• 취향에 따라 혹은 호박의 달기에 따라 소금, 설탕으로 간을 조절해 주세요.

당근닭죽

INGREDIENTS · 3회분

당근 1/2개(150g)
양파 1/2개(70g)
마늘 10g
닭다리 550g
채수 1L
쌀 2컵

1 닭다리는 잡내 제거를 위해 분유 또는 우유에 30분 정도 재운 다음 씻어 준다.

2 당근, 양파, 마늘을 다져서 차퍼에 넣어 먹기 좋은 입자감으로 다져 준다.

3 냄비에 닭다리, 다진 채소, 채수, 쌀을 넣고 30분 이상 푹 끓여 준다.

4 완성

TIP •쌀 대신 밥을 1공기 넣어서 만들어도 좋아요.

소고기들깨미역죽

INGREDIENTS · 3회분

건미역 3g(불려서 잘게 잘라 준비)
소고기 다짐육 70g
쌀가루 60g
참기름 2큰술
채수 600ml
들깨가루 2큰술

1. 냄비에 소고기, 불린 미역, 쌀가루를 넣고 참기름으로 먼저 볶아 준 다음 고기가 익으면 채수를 넣고 30분 이상 푹 끓이다가 들깨가루를 마저 넣고 익혀 준다.

2. 완성

TIP
- 물이 졸아들면 채수를 중간에 추가해도 괜찮아요.
- 쌀가루 대신 밥을 1공기 넣어서 만들어도 좋아요.

두부새우젓국

INGREDIENTS · 3회분

두부 30g
애호박 30g
양파 20g
파 10g
다진 마늘 1ts
새우젓 1/2ts
채수 300ml

1. 두부, 애호박은 먹기 좋은 크기로 썰고, 양파는 채 썰고, 파는 송송 썰어 준다.

2. 채수가 끓으면 두부, 애호박, 양파를 넣고 끓여 준다.

3. 애호박이 익으면 새우젓, 다진 마늘을 넣고 끓여 준다.

4. 파를 넣은 후 한소끔 끓여 준다.

TIP
- 새우젓마다 염도가 다르니 입맛에 맞게 가감해 주세요.
- 채수 대신 멸치육수를 사용해도 좋아요.

연두부달걀찜

INGREDIENTS • 1~2회분

연두부 90g
달걀 1개(60g)

1 연두부는 곱게 으깨 준다.

2 으깬 두부에 달걀을 넣고 섞어 준다.

3 내열 용기에 달걀물을 담고 뚜껑을 닫아 준다.

4 찜기에 넣고 약불에서 30분간 쪄 준다.

TIP
- 달걀 중량에 따라 연두부 양을 연두부 : 달걀 = 1.5 : 1로 맞춰 조절해 주세요.
- 내열용기 뚜껑이 없을 경우에는 접시로 덮거나 랩을 씌워 주세요.
- 기호에 따라 간을 추가해도 좋아요.

조기찜

INGREDIENTS • 1~2회분

조기 1마리
양파 1/3개
대파 1/2뿌리

1. 조기를 쌀뜨물에 10분 정도 담가 비린내를 제거해 준다.

2. 등지느러미, 배지느러미, 꼬리를 잘라 준다.

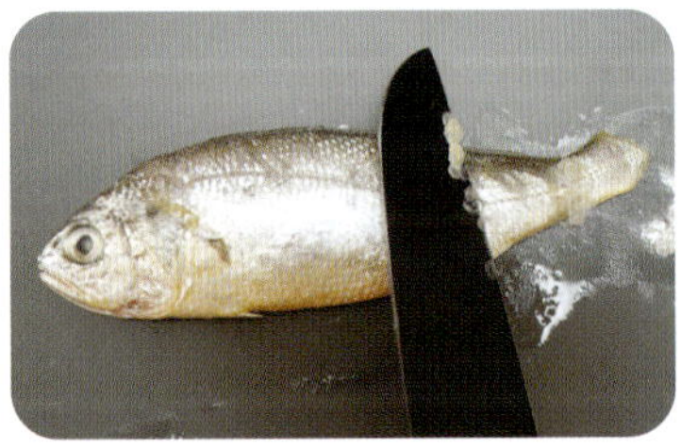

3. 비늘을 살살 긁어 준다.

4. 양파와 대파도 적당한 크기로 잘라 준다.

5. 찜기에 물이 끓어오르면 대파, 양파를 먼저 깔고 위에 조기를 올려 준다.

6. 센불에서 6~7분 찌고 마무리한다.

구내염 등 잘 먹지 못할 때 먹이기 좋은 메뉴

과일푸딩

INGREDIENTS · 1~2회분

과일음료(또는 이온음료) 500ml
젤라틴 분말 9g
키위 1개
귤 1개

*과일음료가 없는 경우
물 500ml
설탕 5~6큰술

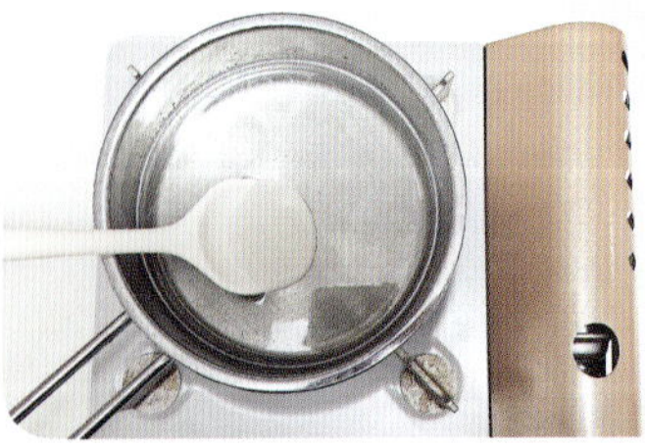

1. 냄비에 과일음료(혹은 설탕물)와 젤라틴 분말을 넣고 약불에서 저어 가며 완전히 녹인 뒤 한 김 식힌다.(팔팔 끓일 필요는 없고 젤라틴 분말만 녹으면 불을 끈다.)

2. 한 김 식힐 동안 과일을 먹기 좋은 크기로 작게 잘라 둔다.

3. 유리용기에 과일을 담고 젤라틴 녹인 물을 붓고, 또 과일을 담고 젤라틴 녹인 물을 붓는 것을 반복하며 채운다.

4. 냉장고에서 반나절 이상 굳힌 뒤 꺼내서 먹는다.

TIP

- 귤이나 한라봉 등 만감류를 사용할 때는 속껍질을 까서 사용하는 게 좋아요.
- 이 레시피는 복숭아맛 이온음료를 사용했어요. 아기 주스를 사용할 경우에는 음료 색 때문에 투명한 모습은 아니에요. 아직 단맛을 잘 느끼지 않는 아기는 물에 설탕 1~2큰술만 넣고 과일 맛으로만 해 줘도 돼요. 큰 아이들은 음료수로 만들어 주면 더 잘 먹어요.

과일아이스크림

INGREDIENTS • 3회분

귤 2개(작은 사이즈는 3개)
사과 1개
아이스크림 몰드

1 사과는 껍질과 씨를 제거하고 곱게 갈아 준다.

2 귤은 껍질을 까고 믹서기로 곱게 간 다음, 체에 한 번 걸러 준다.

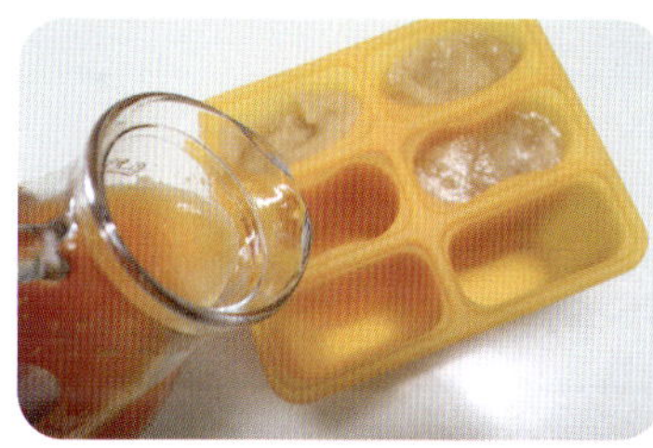

3 각각 갈아 둔 과일들을 아이스크림 몰드에 채워 준다.

4 냉동실에서 하루 이상 얼려 준다.

TIP
- 귤은 껍질이나 걸리는 게 많아 체에 거르는 것을 추천해요.
- 꽁꽁 언 아이스크림은 실온에 5분 정도 두면 몰드에서 쉽게 빠져요.

고구마치즈전

INGREDIENTS • 2회분

꿀고구마 130g
초기쌀가루 10g
아기치즈 1장
오일 약간

1 고구마, 쌀가루, 아기치즈를 계량해 준다.

2 위 재료를 볼에 넣고 날가루 없이 반죽해 준다.

3 먹기 좋은 크기로 모양을 잡아 팬에 오일을 살짝 두르고 노릇하게 구워 준다.

4 완성

아보카도고구마큐브

INGREDIENTS · 2회분

아보카도 40g
찐 고구마 50g
초기쌀가루 50g
우유(또는 분유) 50ml
달걀 1개

1. 아보카도, 고구마, 쌀가루, 우유, 달걀을 날가루 없이 고르게 섞어 준다.

2. 찜기에 반죽을 고르게 펼쳐 넣고 전자레인지에서 2분간 돌려 준다.

3. 완성

TIP
• 알룰로스, 아가베시럽을 둘러 주면 더 맛있어요.

밥솥카스테라

INGREDIENTS • 3~4회분

핫케이크가루 400g
우유 250ml
버터 20g
설탕 1.5큰술
소금 1ts
달걀(흰자, 노른자 분리) 2개
식용유 2큰술
*우유, 버터, 달걀은 실온에 30분 먼저 꺼내 둔다.

1. 달걀흰자 2개에 설탕을 넣고 빠르게 저어 거품이 날 정도로 섞어 준다.

2. 말랑하게 녹여 둔 버터와 우유, 달걀 노른자를 넣어서 같이 잘 섞어 준다.

3. 핫케이크가루는 체에 친 뒤 반죽에 넣어 날가루가 안 보일 정도로 골고루 섞어 준다.

4. 밥솥에 식용유를 골고루 발라 주고, 반죽물을 부은 다음 솥을 두세 번 내리쳐 평평하게 만들어 준다.

5. 만능찜 기능으로 40분간 익혀 준다.

TIP

• 휘핑기 없이도 만들 수 있도록 시판 핫케이크 가루를 사용했어요.
• 젓가락으로 찔렀을 때 반죽물이 묻어나지 않으면 완성이에요.
• 시판 빵 맛을 내려면 취향껏 설탕을 더 넣어 주세요.
• 밥솥을 뒤집으면 손쉽게 꺼낼 수 있어요.

연근타락죽

INGREDIENTS · 1회분

연근 50g
쌀가루 1/2Tbs
물 150ml
우유 100ml
소금 1~2꼬집

1. 연근은 깍둑썰기 해 준다.

2. 블렌더에 연근과 물을 넣어 곱게 갈아 준다.

3. 불을 켜지 않은 냄비에 간 연근과 쌀가루를 넣고 섞어 준다.

4. 불을 켜고 끓기 시작하면 약불로 줄여 10분간 끓여 준다.

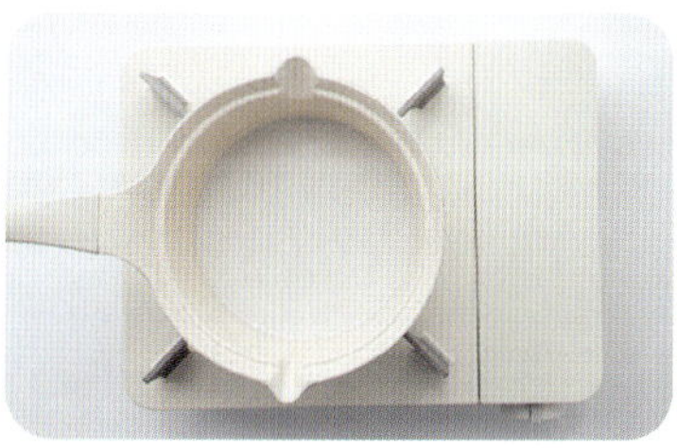

5. 우유와 소금을 넣고 한소끔 끓여 준다.

TIP
•연근은 염증을 완화시키는 데 도움을 주어요.
•차게 식히면 아이가 먹기 더 편해요.

연두부매생이국

INGREDIENTS · 3회분

채수 500ml
연두부 1개(110g)
애호박 1/4개
밥새우 1스푼
건조매생이 1포

1 애호박은 아기가 먹기 좋은 크기로 썰어 준다.

2 냄비에 채수, 연두부, 매생이, 밥새우, 애호박을 넣고 팔팔 끓여 준다.

3 중간에 뜨는 거품은 건져 내고 저염 중인 아기는 아기간장으로 간을 맞춰 준다.

4 완성

TIP •건조매생이 : 완도몰 제품. 건조되어 나와서 사계절 내내 먹을 수 있고 손질이 간편해요.

보양식 메뉴

돼지고기가지솥밥

INGREDIENTS • 5회분

쌀 2½컵(350g)
채수 400ml
가지 1개
돼지고기 다짐육 120g
쪽파 4큰술 듬뿍
오일 약간
통깨 약간(선택)
아기간장 2Tbs(선택)
알룰로스 1Tbs(선택)

1 쌀은 미리 30분 정도 불려 준다.

2 가지, 쪽파는 먹기 좋은 크기로 썰어 주고, 오일을 살짝 두른 팬에 가지, 돼지고기 다짐육, 통깨, 간장, 알룰로스를 넣고 고슬고슬 볶아 준다.

3 냄비에 쌀, 채수를 넣고 중불에서 10분간 끓여 물이 끓어오르면 밥을 한 번 섞어 준다. 그 위에 돼지고기가지볶음, 쪽파를 올린 다음 뚜껑을 덮어 약불로 15분간 익혀 준다.

4 불을 끄고 10분간 뜸을 들인다.

TIP •양념장(간장 2큰술, 참기름 1/2큰술, 다진 마늘 1ts, 설탕 1큰술, 통깨 약간)을 곁들이면 엄마 아빠도 함께 먹을 수 있어요.

전복채소덮밥

INGREDIENTS • 1회분

전복큐브 40g
냉털채소(알배추 15g, 당근 15g, 양파 45g, 감자 20g)
기버터 1큰술(5~10g)
물 200ml

전분물

전분 1ts
물 3큰술

1. 냉털채소는 아기가 먹기 좋은 크기로 다져 준다.
2. 팬에 기버터를 넣고 전복큐브, 냉털채소를 볶다가 채소가 익으면 전분물을 넣어 농도를 맞춘 뒤 졸이듯이 익혀 준다.
3. 밥 위에 익힌 전복과 채소를 올려 준다.

장어덮밥

INGREDIENTS • 1~2회분

장어 크기에 따라 1/6~1/8마리
달걀 1개

소스

진간장 1~2큰술
올리고당 1큰술
물엿 1큰술
물 2큰술
다시마 1조각
미림 1큰술
양파 조금

1 손질된 장어를 준비한다.

2 달걀을 풀어 몽글몽글 스크램블을 만들어 준다.

3 장어를 앞뒤로 노릇노릇 구워 준다.

4 분량의 소스를 센불에서 3분 정도 바글바글 끓여 준다.

5 소스가 졸아들면 구워 둔 장어를 넣고 앞뒤로 졸여 준다.

6 그릇에 달걀, 밥과 함께 장어를 올려 준다.

TIP •취향에 따라 통깨를 소량 추가해도 좋아요.

게살달걀죽

INGREDIENTS • 4회분

당근 75g
청경채 40g
양파 120g
게살큐브 80g
채수 600ml
달걀 2개
밥 150g
오일 약간

1 채소들은 차퍼에 다져 준다.

2 냄비에 오일을 두르고 채소들을 먼저 볶아 준다.

3 2에 밥, 게살큐브, 채수를 부어서 15분 이상 끓여 주다가 마지막에 달걀을 풀어 넣어 푹 익혀 준다.

4 완성

TIP

• 달걀 알러지가 있다면 달걀을 빼고 게살죽으로 만들어도 맛있어요.
• 게살은 돌 전후부터 먹여도 되는데 꼭 알러지 테스트를 한 뒤 먹이세요.

매생이닭죽

INGREDIENTS · 3회분

쌀 50g(불려서 준비)
건조매생이 1봉
다진 닭안심살 60g
다진 채소 70g
채수 400ml

1. 냄비에 모든 재료를 넣고 쌀이 푹 익을 때까지 푹 끓여 준다
2. 완성

TIP •쌀 대신 밥을 1공기 넣어서 만들어도 좋아요.

배추닭국

INGREDIENTS · 3~4회분

닭안심살(또는 닭가슴살, 닭다릿살) 100g
알배추 70g
채수 200ml
다진 마늘 1ts
아기간장 1ts

1 닭안심살과 배추는 먹기 좋은 크기로 썰어 준다.

2 냄비에 채수, 닭안심살, 배추를 넣어 준다.

3 물이 끓으면 다진 마늘과 간장을 넣어 준다.

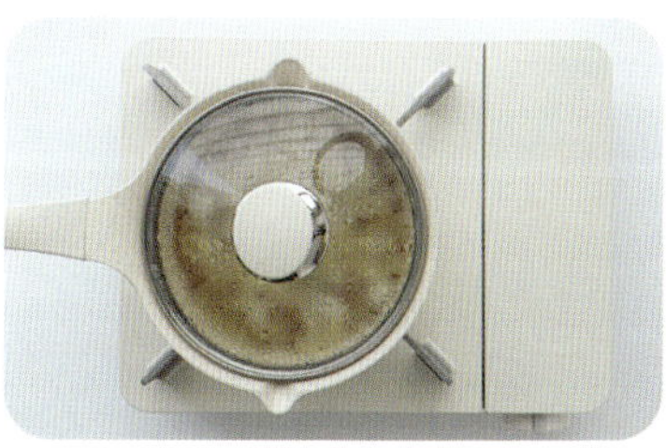

4 약불로 줄이고 뚜껑을 닫아 10~15분간 끓여 준다.

TIP
- 배추에서 나오는 시원달달한 맛이 일품이에요.
- 배추가 푹 익어야 부드러워서 먹기 좋아요.

사골곰국

INGREDIENTS • 다회분

우족 2kg
소고기 사태(또는 양지살) 300g
물 냄비에 뼈가 잠길 정도로 3번 분량

1 우족은 12시간 동안 물을 갈아 가며 핏물을 뺀 다음 깨끗이 씻어 준다.

2 넓은 솥에 뼈를 넣고 뼈가 잠길 정도로 물을 넣어 5분 정도 팔팔 끓여 준 다음 물은 버린다.

3 깨끗한 물로 뼈를 씻은 다음 뼈와 물을 다시 채우고 국물이 뽀얘질 때까지 끓여 준다.

4 끓인 국물을 덜어 놓고, 3번 과정을 2회 더 반복한다.

5 마지막으로 두 번 끓인 국물을 합쳐 준다.(첫 번째 끓인 것은 버리기, 두 번째 끓인 것은 육수로 사용, 세 번째 + 네 번째 끓인 것은 곰탕으로 사용)

6 냉장고에 넣어서(혹은 날씨가 추울 경우 베란다에 놓고) 기름을 굳힌 다음 걷어 내고, 살코기를 따로 삶아 국물에 곁들인다.

TIP
• 넉넉히 끓여 냉동 보관하면 좋아요.
• 기호에 따라 소면을 곁들이거나 만둣국, 떡국 육수로 활용하세요.

가지소고기볼

INGREDIENTS • 6회분

가지 70g
양파 40g
소고기 다짐육 150g
전분 20g
오일 약간

저염식

간장 2Tbs
알룰로스 1Tbs

1 가지와 양파는 차퍼로 갈기 좋게 썰어 준다.

2 가지, 양파, 소고기, 전분을 차퍼로 갈아 준다.

3 차퍼로 간 반죽을 먹기 좋은 크기로 동글동글 말아서 오일을 두른 팬에 굴려 가며 노릇하게 구워 주거나, 에어프라이어에서 180℃ 25분간 구워 준다.

4 완성

TIP •채소를 다질 때는 차퍼 대신 칼다짐도 가능해요.

훈제오리부추볶음

INGREDIENTS · 1~2회분

훈제오리슬라이스 7~8조각
부추 소량
대파 3~4조각
채 썬 양파 5~6조각
식용유 1ts

선택
굴소스 0.3ts
올리고당 0.2ts

1 훈제오리는 뜨거운 물에 1분 정도 담가 불순물을 제거해 준다.

2 대파는 어슷 썰고, 양파도 채 썰어 준다.

3 부추도 새끼손가락 한마디 길이로 15~20줄 준비한다.

4 식용유를 두르고 양파와 대파를 중약불에서 먼저 볶아 향을 내 준다.

5 오리고기를 넣고 파와 대파기름을 입히듯 볶아 준다.

6 부추를 넣고 10초간 볶다가 불을 끄고 잔열에 익혀 준다.

TIP
- 연령이 높은 아이들의 경우 올리고당과 굴소스를 소량 넣고 양념해 주면 색다른 맛이라 잘 먹어요.
- 덮밥으로 해 주어도 좋아요.

PART 4

간단하게 만드는 맛있는 간식

쿠키 & 빵 & 케이크

복숭아타르트

INGREDIENTS · 3회분(타르트팬 1호)

복숭아 1개
고구마 1개(120g)
오트밀가루 40g
과일 퓌레 1개(100ml)

1. 찐 고구마와 오트밀가루를 고르게 섞어 반죽해 준다.

2. 반죽을 밀대로 밀어 준 다음 타르트팬 또는 머핀틀에 모양을 잡아 올려 준다.

3. 복숭아는 깍뚝썰어 타르트지에 올리고 과일 퓌레를 복숭아 사이사이에 발라 준 다음 에어프라이어에서 170℃ 15분간 구워 준다.

4. 완성

TIP
- 복숭아 대신 사과, 바나나 등 각종 과일을 사용할 수 있어요.
- 오트밀가루 대신 쌀가루나 아몬드가루를 사용할 수 있어요.
- 아기치즈, 달걀노른자를 추가해도 좋아요.

단호박쿠키

INGREDIENTS · 2회분

단호박 속살 150g
포리지오트밀 30g

1 단호박은 물 약간과 함께 전자레인지 용기에 넣어 5분간 돌려서 쪄 준다.

2 단호박 속살과 포리지 오트밀을 고르게 섞어 반죽해 준다.

3 반죽은 모양틀로 찍거나 자유로운 모양으로 만들어 에어프라이어에서 170℃ 15분간 구워 준다.

4 완성

TIP •단호박의 물기가 많은 경우 포리지오트밀 또는 쌀가루를 추가해 주세요.

고구마땅콩버터쿠키

INGREDIENTS • 3~4회분

찐 고구마 100g
땅콩버터 50g
달걀물 30g
밀가루 30g
*땅콩버터와 달걀은 실온에 두었다가 사용한다.

1 찐 고구마는 으깨 준다.

2 땅콩버터를 넣고 섞어 준다.

3 달걀물을 넣고 섞어 준다.

4 체 친 밀가루를 넣고 주걱을 세워 11자로 가르듯이 섞어 준다.

5 반죽을 동글납작하게 빚은 후 180℃로 예열한 오븐에서 15분간 구워 준다.

TIP
• 손에 물을 살짝 묻혀 가며 빚으면 편해요.
• 포크로 격자무늬를 내어 주면 보기에 더 좋아요.
• 오븐마다 사양이 다르니 온도와 시간을 조절해 주세요.

옥수수스콘

INGREDIENTS · 3회분

옥수수알 100g
고구마 90g
오트밀 35g

단맛(선택)
설탕 약간
알룰로스 1/2ts

1. 삶은 옥수수 알맹이만 손질해서 준비해 준다.

2. 고구마, 옥수수, 오트밀가루를 넣고 반죽해 준다.

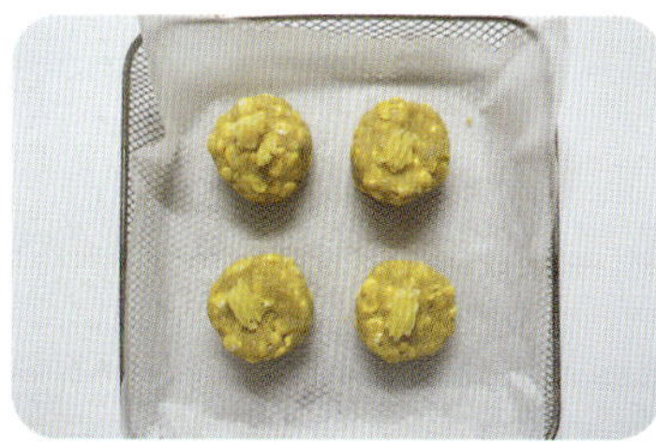

3. 모양을 잡아 에어프라이어에서 160℃ 12분간 구워 준다.

4. 완성

TIP
- 옥수수알 대신 초당옥수수나 스위트콘을 사용해도 좋아요.
- 구울 때 표면에 버터나 달걀노른자를 발라 주면 구움색이 더 예쁘게 나와요.

옥수수쿠키

INGREDIENTS • 3회분

옥수수알 45g
퀵오트밀 30g
과일 퓌레 70ml

1 옥수수는 알맹이만 손질해서 준비해 준다.

2 퀵오트밀, 과일 퓌레, 옥수수알을 잘 섞어 반죽해 준다.

3 모양을 잡아 준 다음 위에 오일 또는 달걀노른자를 코팅해서 에어프라이어에서 160℃ 12분간 구워 준다.

4 완성

TIP
- 옥수수알 대신 초당옥수수나 옥수수 통조림을 사용해도 좋아요.
- 옥수수 통조림의 경우 NON-GMO 제품으로 선택하세요.

옥당빵

INGREDIENTS · 2회분

옥수수(스위트콘) 60g
당근 30g
밀가루 30g
아몬드가루 20g
달걀 1개(60g)

1. 당근은 강판에 갈아 준다.

2. 볼에 달걀을 푼 후 옥수수와 당근을 넣고 섞어 준다.

3. 체 친 밀가루와 아몬드가루를 넣고 섞어 준다.

4. 머핀틀에 반죽을 담고 180℃로 예열한 오븐에서 20분간 구워 준다.

TIP
- 스위트콘 대신 초당옥수수를 사용해도 좋아요.
- 기호에 따라 당을 추가해도 좋아요.
- 오븐마다 사양이 다르니 온도와 시간을 조절해 주세요.

망고요거트빵

INGREDIENTS · 1회분

초기쌀가루 30g
요거트 20g
달걀 1개
망고 50g

① 망고는 깍둑썰고, 초기쌀가루, 요거트, 달걀을 계량해 준다.

② 재료들을 고르게 섞어 머핀틀에 부어 준 다음 에어프라이어에서 160℃ 15분간 구워 준다.

③ 완성

아몬드사과도넛

INGREDIENTS • 2회분

사과 40g
아몬드가루 40g
달걀 1개(60g)

1 사과는 강판에 갈아 준다.

2 볼에 모든 재료를 넣고 섞어 준다.

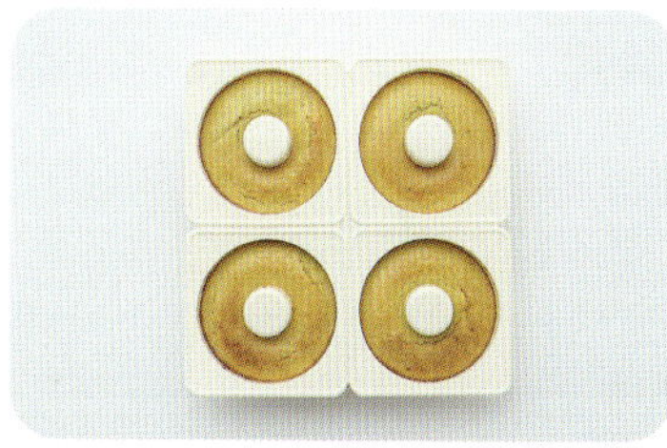

3 반죽을 틀에 넣고 180℃로 예열한 오븐에서 20분간 구워 준다.

TIP
• 도넛틀 대신 머핀틀로 대체해도 좋아요.
• 기호에 따라 당을 추가해도 좋아요.
• 오븐마다 사양이 다르니 온도와 시간을 조절해 주세요.

바나나아몬드빵

INGREDIENTS • 2회분

바나나 1개
아몬드가루 30g
쌀가루 15g
달걀 1개

1. 바나나, 아몬드가루, 쌀가루, 달걀을 날가루 없이 섞어 준다.
2. 전자레인지 용기에 담아 2분 30초 돌려 준다.
3. 완성

땅콩버터바나나머핀

INGREDIENTS • 3회분

바나나 150g
달걀 1개(60g)
땅콩버터 40g
밀가루 40g
베이킹파우더 2g
*땅콩버터와 달걀은 실온에 두었다가 사용한다.

1 바나나는 으깨 준다.

2 볼에 땅콩버터를 풀고 달걀을 2~3회 나누어 빠르게 섞어 준다.

3 바나나를 넣고 섞어 준다.

4 체 친 밀가루, 베이킹파우더를 넣고 주걱을 세워 11자로 가르듯이 섞어 준다.

5 머핀틀에 반죽을 나눠 담고 180℃로 예열한 오븐에서 20분간 구워 준다.

TIP
•반죽은 머핀틀 높이의 1/2~1/3 정도만 채워 주세요.
•반죽을 담은 후 바닥에 탕탕 쳐서 기포를 정리해 주세요.
•오븐마다 사양이 다르니 온도와 시간을 조절해 주세요.

바나나브라우니

INGREDIENTS • 2~3회분

바나나 100g
밀가루 40g
무가당 코코아파우더 5g
버터 20g
달걀 1개

1 바나나는 으깨 준다.

2 바나나에 녹인 버터를 넣고 섞어 준다.

3 달걀을 푼 후 2~3회 나누어 넣으며 빠르게 섞어 준다.

4 체 친 밀가루와 코코아파우더를 넣고 주걱을 세워 11자로 가르듯이 섞어 준다.

5 오븐 가능 용기에 반죽을 담고 180℃로 예열한 오븐에서 30분간 구워 준다.

TIP
- 버터는 전자레인지에서 10~20초씩 짧게 끊어 돌리며 녹여 주세요.
- 오븐마다 사양이 다르니 온도와 시간을 조절해 주세요.
- 이쑤시개 등의 뾰족한 도구로 찔렀을 때 반죽물이 묻어나지 않으면 완성이에요.

마늘빵

INGREDIENTS • 2~3회분

식빵 2조각
다진 마늘 1큰술
버터 2큰술(30g)
올리고당 1큰술
설탕 1ts(선택)
파슬리가루 톡톡(선택)

1 버터는 실온에 놓아 섞일 수 있도록 말랑하게 해 준다.

2 분량의 재료들을 섞어서 잘 섞어서 전자레인지에서 20~30초 돌린다.

3 식빵을 먹기 좋은 크기로 잘라 준다.

4 식빵 한쪽 면에 마늘소스를 골고루 발라 준다.

5 에어프라이어에서 180℃ 6~7분간 구워 준다.

TIP •취향에 따라 마늘소스를 양쪽에 발라도 돼요. 그럴 경우 재료의 양을 2배로 늘려 주세요.

바나나식빵롤

INGREDIENTS · 1~2회분

바나나 1개
식빵 2장
딸기잼 1ts
랩 소량

1. 식빵은 밀대로 넓고 얇게 밀어 준다.

2. 식빵 1장 위에 딸기잼을 얇게 발라 준다.

3. 바나나 1/2개를 잘라서 올려 준다.

4. 돌돌 말아 준 다음, 랩으로 한 번 감싸 5분 정도 고정시켜 준다.

5. 한입 크기로 잘라서 준다.

TIP
- 취향에 따라 치즈를 넣어도 좋아요.
- 냉장고에 넣어 두면 고정도 잘되고 썰기도 편해요.

누룽지그래놀라

INGREDIENTS · 디회분

누룽지 80g
오트밀 40g
아몬드슬라이스 20g
땅콩버터 20g
조청(또는 꿀, 올리고당, 메이플시럽) 20g

1 누룽지는 잘게 부숴 준다.

2 볼에 모든 재료를 넣고 섞어 준다.

3 오븐 가능 용기 혹은 팬에 넓게 펼쳐 준다.

4 150℃로 예열한 오븐에서 10분 간격으로 꺼내 뒤적이며 30분간 굽는다.

TIP
- 누룽지는 되도록 얇아야 먹기 편해요.
- 아몬드 대신 다른 견과류로 대체하거나 건과일을 추가해도 좋아요.
- 오븐마다 사양이 다르니 온도와 시간을 조절해 주세요.

우유치즈케이크

INGREDIENTS · 2회분

과일 퓌레 50ml
아기치즈 2장
쌀가루 30g
우유 50ml
달걀 1개
기버터 5g

1. 전자레인지 전용 용기에 우유, 치즈, 버터를 넣고 전자레인지에서 30초간 돌린 다음 섞어 준다.

2. 1에 과일 퓌레, 쌀가루, 달걀을 계량해 준다.

3. 모든 재료를 날가루 없이 고르게 섞어 준 다음 전자레인지에서 2분 30초간 돌려 준다.

4. 완성

블루베리바나나케이크

INGREDIENTS · 2회분

바나나 1개(130g)
블루베리 1줌(85g)
쌀가루 30g
오트밀가루 20g
달걀 1개(55g)

1 바나나, 블루베리, 쌀가루, 오트밀가루, 달걀을 계량해 준다.

2 재료들을 곱게 갈아 주거나 포크로 으깨며 섞어 준다.

3 곱게 간 반죽을 전자레인지용 찜기에 넣고 2분 30초간 돌려 준다.

4 완성

바나나바스크치즈케이크

INGREDIENTS · 3회분

크림치즈 90g
바나나 1개(100g 내외)
쌀가루 30g
달걀 2개

1 크림치즈, 바나나, 달걀, 쌀가루를 차퍼에 갈아 주거나 으깨듯이 섞어 준다.

2 고르게 섞인 반죽을 머핀틀에 부어 준다.

3 에어프라이어에서 170℃ 20분간 구워 준다.

4 완성

떡 & 든든 간식

우유떡

INGREDIENTS • 3회분

우유 150ml
전분가루 20g
볶은 콩가루 1Tbs
조청(또는 올리고당, 꿀) 20g

1. 불을 켜지 않은 팬에 콩가루를 제외한 모든 재료를 넣고 섞어 준다.

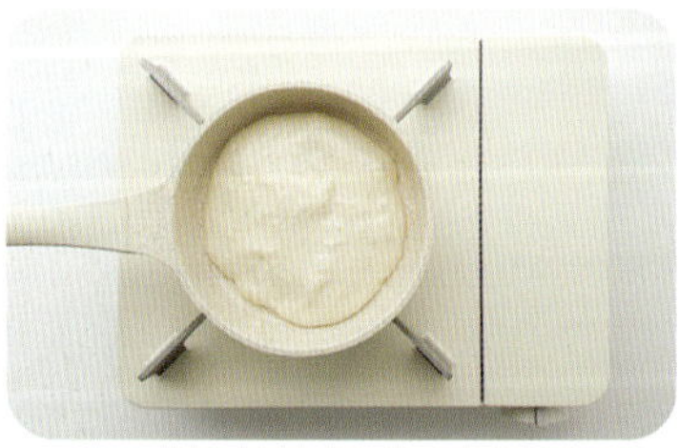

2. 불을 켜고 약불에서 계속 저어 주다가 몽글몽글 뭉치기 시작하면 빠르게 저어 준다. 하나의 덩어리로 뭉치면 불을 꺼 준다.

3. 용기에 평평하게 담아 한 김 식힌 후 뚜껑을 닫아 냉장고에서 차갑게 식혀 준다.

4. 떡을 꺼내 콩가루를 입힌 후 먹기 좋은 크기로 썰어 준다.

TIP •우유 대신 분유물을 사용해도 좋아요.

감자떡구이

INGREDIENTS • 2회분

찐 감자 60g
감자전분 30g
아기치즈 1장
알룰로스 약간

1. 찐 감자, 감자전분, 아기치즈를 반죽해 준다.
2. 먹기 좋게 모양을 잡아 끓는 물에서 2분 내외로 익힌 다음, 팬에 알룰로스를 살짝 둘러 노릇하게 구워 준다.
3. 완성

TIP •알룰로스 대신 올리고당, 아가베시럽, 조청 등을 곁들여도 좋아요.

단호박떡구이

INGREDIENTS · 1회분

단호박 60g
찹쌀가루 30g
기버터(또는 오일) 약간

1. 단호박, 찹쌀가루를 계량해 준다.

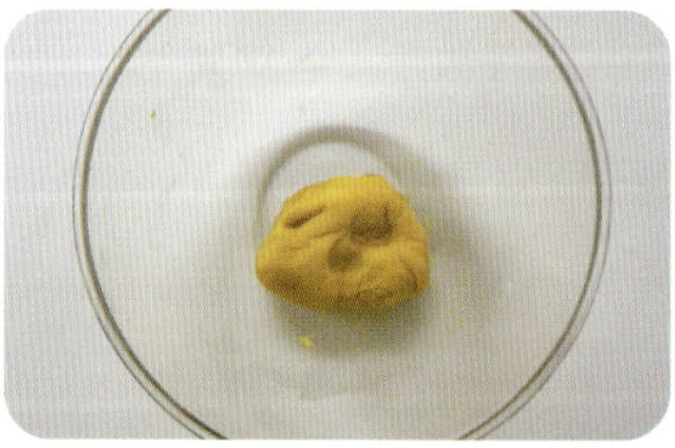

2. 계량한 재료들을 날가루 없이 고르게 섞어 반죽해 준다.

3. 모양을 잡아 팬에 오일을 두르고 노릇하게 구워 주거나, 에어프라이어에서 150℃ 15분간 구워 준다.

케첩떡꼬치

INGREDIENTS · 1~2회분

떡볶이떡 3~4개
케첩 2큰술
물엿 1큰술
진간장 1/2큰술
식용유 1큰술

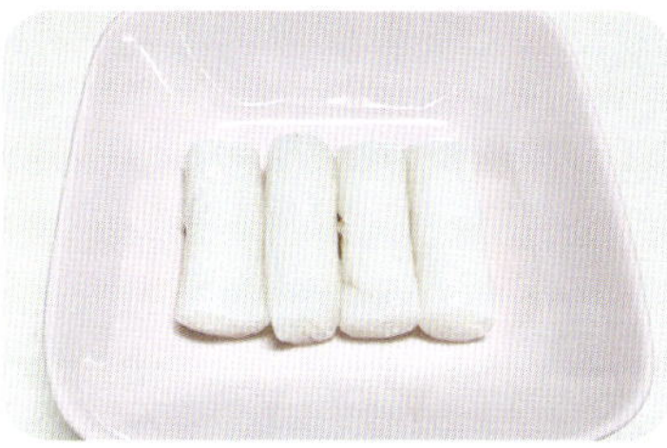

1 떡은 말랑말랑한 상태로 준비한다. 냉동떡이라면 끓는 물에 1~2분 정도 데쳐 준다.

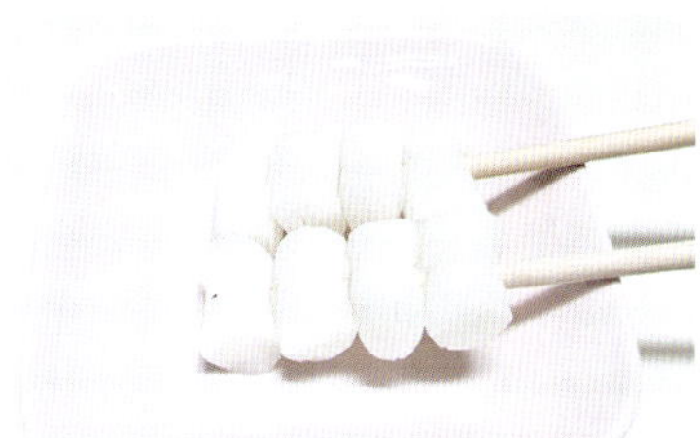

2 떡을 작게 잘라 꼬지에 끼워 준다.

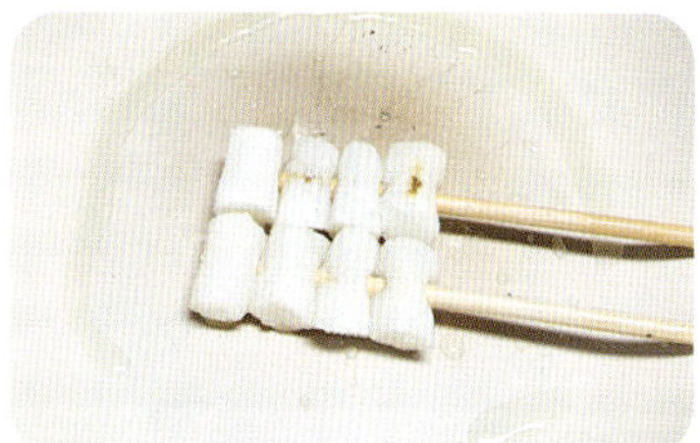

3 꼬지에 끼운 떡을 식용유 두른 팬에 앞뒤로 노릇하게 구워 준다.

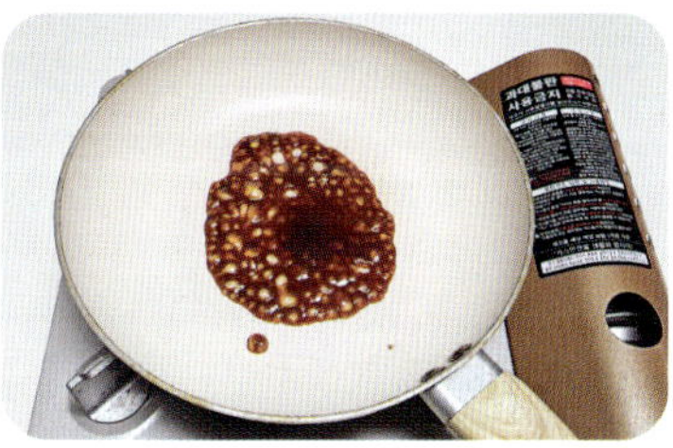

4 분량의 재료를 넣고 소스를 만든 뒤, 약한 불에서 바글바글 한 번 끓여 준다.

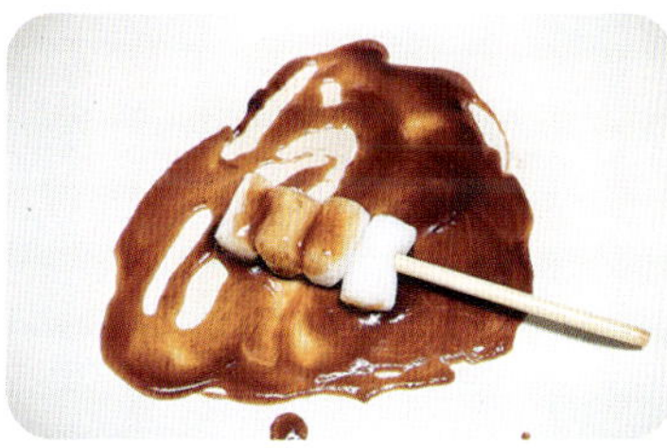

5 구운 떡에 끓인 양념을 앞뒤로 꼼꼼하게 발라 준다.

닭날개구이

INGREDIENTS • 1~2회분

닭날개 5개
우유 150ml

양념장
진간장 1큰술
물 1.5큰술
물엿 1큰술
맛술 1/2큰술
식초 1ts
다진 마늘 0.3큰술

두 돌 이전 양념장
아기간장 1큰술
올리고당 1/2큰술
물 1큰술
다진 마늘 1/2ts

1 닭날개를 깨끗이 씻어서 우유에 10분 정도 재워 준다.

2 양념장을 미리 만들어 준다.

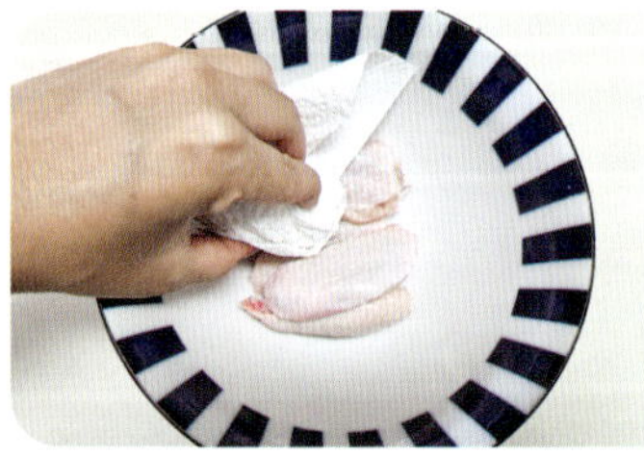

3 우유에 재운 닭을 다시 한 번 씻은 뒤 키친타월로 물기를 제거해 준다.

4 닭날개에 만들어 둔 양념을 3큰술 넣어 조물조물 버무려 5분 정도 둔다.

5 앞뒤로 간장양념을 발라 예열한 에어프라이어에서 180~190℃ 5분간 먼저 굽는다.

6 뒤집어 양념을 한 번 더 바른 다음 5분간 더 구워 준다.

TIP
- 에어프라이어는 기종에 따라 조리 시간을 조절해 주세요.
- 양념이 꾸덕하지 않고 흐르기 때문에 여러 번 덧발라 주는 느낌으로 발라야 해요.
- 소스를 넉넉히 만들어 두고 닭날개를 냉동실에 넣어 뒀다가 먹을 때마다 구워 주면 좋아요.

에어프라이어군고구마

INGREDIENTS · 5~6회분

고구마 5~6개(500g 기준

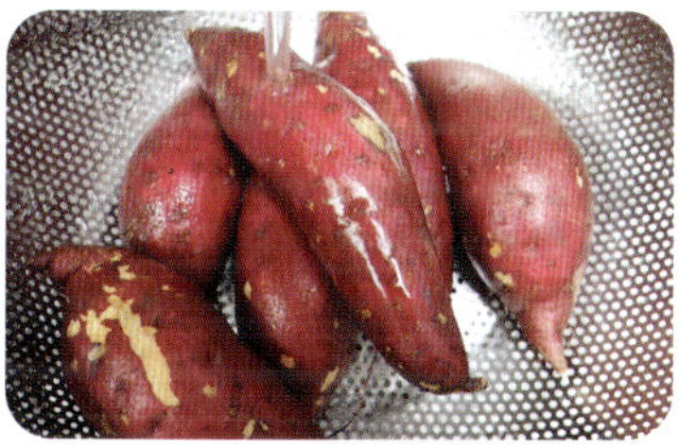

1. 고구마는 깨끗이 씻어 준다.

2. 에어프라이어 100℃에서 15분간 저온숙성해 준다.

3. 그 다음에는 중간 온도인 150℃에서 20분간 익혀 준다.

4. 마지막으로 가장 높은 온도인 200℃에서 15분간 더 익혀 준다.

TIP •구운 뒤 냉동 보관해도 좋아요.

주스 & 스무디

사과케일당근주스

INGREDIENTS • 1회분

사과 1/4개
케일 잎 1장
당근 사과 절반 크기
요구르트 2큰술

1. 사과는 깨끗이 씻어 씨를 빼고 껍질을 깎아 준다.

2. 케일 잎은 깨끗이 씻어 줄기를 따고 잎만 잘라 준다.

3. 당근은 사과 절반만 한 크기로 껍질을 벗겨 준다.

4. 믹서기에 사과, 케일, 당근, 요구르트를 넣고 곱게 갈아 준다.

TIP •아이들이 부담을 덜 느끼도록 요구르트를 소량 추가했어요.

귤주스

INGREDIENTS • 1~2회분

귤 2개(작은 사이즈는 3개)

1 귤은 껍질을 제거해 준다.

2 믹서에 조각 내서 넣어 준다.

3 믹서기에 최대한 곱게 갈아 준다.

4 체에 건더기를 걸러서 맑은 과즙만 남긴다.

TIP
- 체에 거를 때 숟가락으로 눌러 주면 더 빠르게 즙을 낼 수 있어요.
- 통에 담아 냉장고에서 2~3일 정도 보관할 수 있어요.
- 이 귤주스로 과일아이스크림(p.183)에 활용할 수 있어요.

엄마표딸기듬뿍우유

INGREDIENTS • 1~2회분

우유 200ml
딸기 120g(큰 사이즈 5~6개, 작은 사이즈 7~8개)
설탕 2큰술

1 딸기는 깨끗이 씻어서 꼭지를 따고 씹을 수 있는 크기로 잘게 잘라 준다.

2 잘게 자른 딸기를 설탕에 골고루 버무려 준다.

3 컵에 설탕에 절인 딸기를 담아 준다.

4 우유를 살살 부어 준다.

TIP
• 완성한 딸기우유를 냉장고에서 1시간 정도 숙성시키면 딸기와 우유 층을 낼 수 있어요.
• 딸기는 미리 썰어 설탕에 절여 두면 하루 정도 냉장고에서 보관할 수 있어요.
• 시판하는 딸기우유 맛으로 달달한 편이니 취향에 맞게 설탕 양을 조절해 주세요.

옥수수우유

INGREDIENTS · 1회분

찐 옥수수 1개(또는 초당옥수수)
우유 200ml

1. 찐 옥수수 1개를 칼로 알맹이만 쓱 도려내 준다.

2. 옥수수와 우유를 믹서에 갈아서 체에 걸러 준다.

3. 완성

브로콜리스무디

INGREDIENTS · 1회분

브로콜리 25g
사과 30g
바나나 30g
우유 100ml

1 브로콜리는 찜기에 2분간 쪄 준다.

2 모든 재료를 블렌더로 곱게 갈아 준다.

TIP •기호에 따라 당류를 추가해도 좋아요.

블루베리요거트스무디

INGREDIENTS • 1회분

블루베리 20g
바나나 30g
플레인요거트 50g
우유 50ml

1. 블루베리는 미리 냉동실에서 얼려 준다.
2. 모든 재료를 블렌더로 곱게 갈아 준다.

TIP •기호에 따라 당류를 추가해도 좋아요.

우유빙수

INGREDIENTS • 1~3회분

우유 종이컵 2컵
설탕 1큰술
지퍼백 1개

토핑(선택)
씨리얼
과일
콩가루(4세 이상)
삶은 팥 등

1. 우유에 설탕을 섞어 준다.

2. 우유를 지퍼백에 넣어서 냉동실에서 6시간 이상 얼려 준다.

3. 지퍼백에 얼린 우유를 두드려서 조각조각 부숴 준다. 딱딱하다면 3분 이상 해동해 준다.

4. 어느 정도 녹으면 그릇에 담아 잘게 부숴 준다.

5. 아이가 먹을 수 있는 것으로 다양한 토핑 재료를 준비한다.

6. 우유얼음과 씨리얼, 과일, 팥, 콩가루 등을 토핑해 준다.

TIP
• 콩가루는 목에 걸릴 위험이 있으니 4세 이상 권장해요.
• 연령이 높은 아이들은 연유를 살짝 뿌려 줘도 좋아요.

찾아보기(가나다 순)

ㅈ

ㅊ

ㅋ

ㅌ

ㅍ

ㅎ

주 재료별 찾아보기

소고기

소면

숙주나물

시금치

식빵

쌀

아몬드가루

아보카도

애호박

양배추

어묵

전복

조기

참치

청경채

치즈

카레가루

케일

콩나물

키위

토마토

파래

파스타면

해물

호두

홍합

저자별 찾아보기

김다혜

PART 1
우리 아이 건강 챙기는 유아식

두뇌를 발달시키고 뼈를 튼튼하게 해 주는 메뉴

비타민과 무기질이 듬뿍 들어 있는 메뉴

탄단지를 한 그릇에 담은 메뉴

PART 2
밥태기 아이 편식 없는 유아식

특식 & 완밥 메뉴

냉털 메뉴

PART 3
아이가 아플 때 도움이 되는 유아식

변비 탈출 & 소화가 안 될 때 좋은 메뉴

오채은

냉털 메뉴

PART 3 아이가 아플 때 도움이 되는 유아식

변비 탈출 & 소화가 안 될 때 좋은 메뉴

장염일 때 먹이기 좋은 메뉴

구내염 등 잘 먹지 못할 때 먹이기 좋은 메뉴

보양식 메뉴

PART 4 간단하게 만드는 맛있는 간식

쿠키 & 빵 & 케이크

떡 & 든든 간식

주스 & 스무디

이지영

PART 1
우리 아이 건강 챙기는 유아식

두뇌를 발달시키고 뼈를 튼튼하게 해 주는 메뉴

비타민과 무기질이 듬뿍 들어 있는 메뉴

탄단지를 한 그릇에 담은 메뉴

PART 2
밥태기 아이 편식 없는 유아식

특식 & 완밥 메뉴

냉털 메뉴

PART 3
아이가 아플 때 도움이 되는 유아식

변비 탈출 & 소화가 안 될 때 좋은 메뉴

장염일 때 먹이기 좋은 메뉴

구내염 등 잘 먹지 못할 때 먹이기 좋은 메뉴

보양식 메뉴

PART 4
간단하게 만드는 맛있는 간식

쿠키 & 빵 & 케이크

떡 & 든든 간식

주스 & 스무디